教育部哲学社会科学研究普及读物项目

正说

科举

刘海峰 著

江苏人民出版社

江苏凤凰美术出版社

图书在版编目(CIP)数据

正说科举 / 刘海峰著. -- 南京：江苏人民出版社，
2024. 12. (2025.5 重印) -- (教育部哲学社会科学研究普及读物).
ISBN 978 - 7 - 214 - 29655 - 9

Ⅰ. D691.3 - 49

中国国家版本馆 CIP 数据核字第 2024W4Z093 号

书　　　名　正说科举
著　　　者　刘海峰
责 任 编 辑　胡海弘
装 帧 设 计　潇　枫
责 任 监 制　王　娟
出 版 发 行　江苏人民出版社
　　　　　　江苏凤凰美术出版社
地　　　址　南京市湖南路 1 号 A 楼,邮编:210009
照　　　排　江苏凤凰制版有限公司
印　　　刷　苏州工业园区美柯乐制版印务有限责任公司
开　　　本　890 毫米×1240 毫米　1/32
印　　　张　8.5　插页 2
字　　　数　162 千字
版　　　次　2024 年 12 月第 1 版
印　　　次　2025 年 5 月第 2 次印刷
标 准 书 号　ISBN 978 - 7 - 214 - 29655 - 9
定　　　价　49.00 元

(江苏人民出版社图书凡印装错误可向承印厂调换)

总　序

纵观党的历史,我党始终高度重视实践基础上的理论创新,坚持用理论创新成果武装全党,教育人民,引领前进方向,凝聚奋斗力量。七十多年前,著名的马克思主义哲学家艾思奇撰写的通俗著作《大众哲学》,引领一代又一代有志之士选择了正确的人生道路,影响了中国几代读者。

党的十八大以来,习近平总书记把握时代发展新要求,顺应人民群众新期待,提出了一系列新思想、新观点、新论断、新要求,这些推进理论创新的最新成果用朴实、生动的语言,以讲故事、举事例、摆事实的方式与人民同频共振、凝聚共识,增强了人民群众对中国特色社会主义理论体系的认同感和知晓度,凸显了当代中国马克思主义大众化、群众性的基本特征,成为新时期理论创新大众化的新典范。

高等学校学科齐全、人才密集、研究实力雄厚,是推进马克思主义中国化时代化大众化、普及传播党的理论创新成果的重要阵地。汇聚高校智慧,发挥高校优势,大力开展优秀成果普及推广,切实增强哲学社会科学话语权,是高校繁荣发展哲学社会科学的光荣任务、重大使命。

2012年,教育部启动实施了哲学社会科学研究普及读物项目。通过组织动员高校一流学者开展哲学社会科学优秀成果普及转化,撰写一批观点正确、品质高端、通俗易懂的科学理论和人文社科知识普及读物,积极推进马克思主义大众化,阐释宣传党的路线方针政策,推广普及哲学社会科学最新理论创新成果,让中国特色社会主义理论体系和党的路线方针政策,更好地为广大群众掌握和实践,转化为推进改革开放和现代化建设的强大精神力量。与一般意义的学术研究和科普类读物相比,教育部设立的普及读物更侧重对党最新理论的宣传阐释,更强调学术创新成果的转化普及,更凸显"大师写小书"的理念,努力产出一批弘扬中国道路、中国精神、中国力量的精品力作。

实现中华民族伟大复兴的中国梦必将伴随着哲学社会科学的繁荣兴盛。我们将以高度的使命感和责任感,坚持学术追求与社会责任相统一,坚持正确方向,紧跟时代步伐,顺应实践要求,不断加快高校哲学社会科学创新体系建设,为不断增强中国特色社会主义道路自信、理论自信、制度自信,推动社会主义文化大发展大繁荣作出更大贡献!

教育部社会科学司

2014 年 4 月 10 日

目　录

"科举,非恶制也"

顺天贡院号舍照片

　　"科举"在当今中国已成为一个含义非常丰富而复杂的词语。提到"科举"二字,许多人想到范进、孔乙己,有的人想到苏轼、文天祥,有的人想到落后、黑暗,有的人想到公平、客观。在中国历史上的各种制度中,科举制大概是人们评价差异最大的制度。

一、科举为国家"抡才大典"

　　科举制是中国古代一项重要的政治、教育、文化和社会制度。在中国历史上,可能再也找不出其他任何一种制度曾经如此深刻地影响过官僚政治、文化教育、文学风尚、心理习俗以及社会历史进程了。作为中国传统社会的制度支柱和文化主脉之一,科举在唐宋以后的政治生活和社会结构中占据着中心地位,成为社会政治生活和人文教育活动的首要内容。在一定程度上,科举塑造了中国古代社会的文化形态与知识分子的性格和形象。

所谓科举，就是中国和东亚国家帝制时代设科考试、选才任官的制度。从隋炀帝大业元年（605）设立进士科，到清光绪三十一年（1905）停废，科举制度在中国历史上延续了整整1300年之久。朝代可以改，皇帝可以换，但绝大多数时候科场则不可不开。到明清两代，科举制进入成熟阶段，更为稳固和连续，开科成了几乎雷打不动的社会大事，即使遭遇战乱和大灾等不可预测的事件，也要易地开科或次年补行。例如1900年发生庚子之变，1901年多数省份无法正常举行三年一次的乡试，但1901年12月还下令次年要补行辛丑（1901）恩科并举行壬寅（1902）正科乡试。

科举制的稳定性和规律性是如此之强，周而复始贯串各朝，连一般皇帝都不敢或不能随意改变其制，或者短暂改变之后又不得不恢复原状。南宋建炎元年（1127）高宗开科取士诏曾指出："国家设科取人，制爵待士，岁月等阴阳之信，法令如金石之坚。"①所谓"岁月等阴阳之信"，就是说开科的时间非常固定，其准确可信等同于自然界昼夜季节的变化，具有高度的稳定性和规律性；"法令如金石之坚"，是说有关科举的法令则有金石般的刚性，得到普遍的贯彻。明清时期，每逢子、卯、午、酉年的八月都举行乡试，而八月十五考第三场，几乎是五百余年一贯如此，以至于科举这种社会活动的出现，有点类似于日月

---

① 〔元〕马端临：《文献通考》卷三二《选举》，北京：中华书局，1986，第299页。

寒暑变化的自然现象,这是极为独特的。科举制带有强大的历史惯性,能够与时迁徙、与世偃仰,成为跨越时代的一种基本政治和文教制度。当一种社会制度的运行,任何人都无法凭个人意志加以改变的时候,便说明其体现了某种不以人的主观意志为转移的客观规律。

"科场关系大典,务期甄拔真才。"①清代将科举视为"抡才大典",即选拔人才的重大典制。在科举时代,因为考试选官比其他选举取士方法更适应社会的需求,所以各个朝代皆将其作为拔取人才的首要途径。自五代以后,入主中原的少数民族政权,或迟或早都采用了科举制。"中国的那些大将军,成功的入侵者和不可一世的帝王都在这强有力的科举等级制度无法抗拒的进攻面前,或顽强的抵御之下,为之折服。"②包括农民起义军建立的政权如明末李自成建立的大顺政权、清代洪秀全建立的太平天国政权,也都实行了科举制。连中国周边国家如古代日本、韩国③和越南,也模仿中国建立了自己的科举考试系统。科举制跨越了中国不同朝代和政权以及东亚不同民族和国家而获得广泛实行,说明它在古代社会有其存在的必然性与合理性。

---

① 《钦定科场条例》卷二九《关防·搜检士子》,乾隆十二年上谕。

② E. L. Oxenham, "Age of Candidates at Chinese Examination; Tabular Statement", *Journal of the China Branch of the Royal Asiatic Society*, for the Year 1888, New Series, Vol. XXIII, Shanghai, 1889, pp. 286—287.

③ 指古代朝鲜半岛的高丽王朝与朝鲜王朝,后同。

但是,鸦片战争以后,伴随着坚船利炮的冲击,欧风美雨强劲东来,中国社会的政治、经济和文化环境起了急剧的变化。特别是在 19 世纪末 20 世纪初,处在"千年未有之大变局"的时代,中国许多传统的制度都逃脱不了被彻底否定的命运。中国人在内忧外患的压力之下,求变的要求日趋强烈,科举制也陷入空前的危机,被视为落后的象征和兴办学堂的障碍,终于在 1905 年 9 月 2 日走到了生命的尽头。这是当时东西方文明冲突的必然结果,也是社会发展和进化的典型事例。

二、化解对科举制的偏见

对科举的否定评价,在 1905 年废科举时似乎已盖棺论定。现代人对科举往往是盲目批判的多,真正了解的少;人云亦云的多,独立思考的少。然而,关于科举,过去人们抱有太多的误会和偏见,需要"澄清本世纪以来一直笼罩在科举和八股之上的浓厚无知与攻讦的乌云"①。当时间过去一个多世纪之后,冷静代替了激愤,理智代替了情绪,我们对待科举,不应再一味地嘲讽和批判,而应在了解的基础上再作分析。

---

① 何怀宏:《选举社会及其终结:秦汉至晚清历史的一种社会学阐释》,北京:生活·读书·新知三联书店,1998,第 38 页。

在科举时代,科举、科第在人们心目中是十分神圣而崇高的名称,因此有"科第之美"的说法。龚自珍有两句诗:"科以人重科益重,人以科传人可知。"①人们之所以会崇重科名,是看重科举选拔出来的人多有真才实学。科举与中国 1300 年间大部分精英人物和所有地区密切相关,从隋唐到明清大部分政治家、大部分文学家、大部分教育家、大部分著名学者都是进士出身。科举不仅造成了"范进"和"孔乙己"一类的儒生,而且也选拔了包拯和林则徐这样的政治人才,以及韩愈、朱熹和蔡元培这样的教育人才;既有吴敬梓和蒲松龄这样的科场失意者,更有白居易和欧阳修这样的科场成功者。

由于影响重大且与士人的命运息息相关,科举取士向来是传统社会关注和议论的热点话题,赞美与批评者都很多,而且古代对科举制正面的评价要远多于负面的批评。但在现代一般人的印象中,科举制是一个很坏的制度,古代多数有识之士或进步人物对科举都是持批判态度的——这实际上是一种错觉和偏见。

以往的科举评价中存在许多认识误区,出现各种与历史实际不符的、似是而非的流行说法,曾经有段时间,教科书上、社会上对科举存在着大量的戏说与反说。像选进中学语文教材

---

① 〔清〕龚自珍:《己亥杂诗》,《龚自珍全集》,上海:上海人民出版社,1975,第 514 页。

中的《范进中举》《孔乙己》，以往对科举都是负面的解说。《范进中举》《孔乙己》在一定程度上反映了当时的历史，但毕竟是文学作品，很多人却将其当作了历史真实，把科举那个时代的戏说和反说当成了事实。

中国人对科举的误会到底有多深？到底还要让科举精英们沉冤多久？我们不应动不动就以西化后的现代的尺子，去度量中国古代的历史。用现代的眼光去看待中国的传统，以西方的标准去衡量中国古代的事物，往往观察到的尽是落后、黑暗。如果像过去那样否定孔子连同对中国文化影响至关重大的儒学，否定科举及其选拔出来的百十万举人和进士，中国历史到底还剩下多少东西？大概给人的印象便只有阶级斗争和"吃人"的历史。但是，从隋唐到明清，我们民族历史上灿烂的文化成果，很大部分就是进士等精英人物的贡献。要总结与弘扬优秀的民族文化传统，科举是一个绕不开的重要制度。

客观认识和评价科举，在今天还有明显的现实意义。正说科举，在一定意义上说就是为考试选才机制平反。否定科举至多只能否定其不符时代需要的考试内容，而不能否定科举制的合理内核，彻底否定整个科举制度实际上就是否定考试制度。否定高考或主张取消高考的人往往会不由自主地将高考与科举制度类比，只要说高考"变成了科举"，或者说高考是"新科举""现代科举"，就有很大的杀伤力。其实，科举本身已被妖魔化了，需要拨乱反正。

自古以来，中国就是一个人情社会，人情与关系在社会生活中起着重要的作用。为了防止人情的泛滥，使社会不至于陷入无序的状态，中国人发明了考试，以考试作为维护社会公平和社会秩序的调节阀。当然，考试选才往往无法考察德行，千百年来，人们对以德取士的追求此起彼伏，连续不断。但就像物理实验中对"永动机"的追求一样，在太重人情与关系的社会环境中，以德选才或"全面考核"总是以失败告终。科举时代多次废科举却行不通的史实说明了这一点，"文化大革命"中推荐上大学导致走后门盛行的事实也说明了这一点，保送高中生上大学异化为"送官不送民"、自主招生出现腐败现象因而不得不中止、多种高考加分因弄虚作假不得不取消或降低分值也证明了这一点。科举历史与高考现实一再雄辩地说明，考试选才具有恒久的价值。

公平与才学是科举制的基本元素。当我们触摸历史的脉动时，可以听到古人的声音，感觉到许多人的欢欣与无奈。在对科举的看法方面，我们不要再让成千上万的古代精英人物失语。科举制具有强大的以考促学的功能。因为有了科举，人们努力读书，增加了许多文人，减少了大量文盲，这对中国的文化积累和文明的提升具有重要的意义。科举考试把古代中国塑造成了高度重视教育的社会，一个文质彬彬的社会。

看待科举，应该像看待孔庙、书院、国子监等东方型的传统文化教育机构一样，本着历史的眼光。例如中国古代中央政府主办的最高学府和教育行政管理机构国子监,在相当长的历史时期中,是与中国古代社会和教育相适应的机构,也曾起过重要的作用。但到了清末,也被视为落后的象征,人们将"国子监学堂,翰林院文章"列入"十可笑"中,作为取笑的对象,其命运也与科举、书院类似,在 1905 年学部成立后逐渐被淘汰。国子监虽然退出了历史舞台,但我们应历史地看待其价值和作用。在笔者看来,科举与中国传统社会的国子监、翰林院、书院、义学、私塾、孔庙等类似,都是在西学东渐大潮中被历史所淘汰的机构或制度。它们在清末为时代所否定,并不意味着应该永远被否定。

三、世界文明史上的独创

在一定意义上说,"一切历史都是当代史"。英国史学家卡尔(Edward Hallett Carr)认为:"历史是历史学家跟他的事实之间相互作用的连续不断的过程,是现在跟过去之间永无止境的问答交谈。"①历史虽然不是一个可以任人打扮的少女,但总是不断地被后人改写。许多批判科举的说法都不太全面,历史

---

① [英]爱德华·霍列特·卡尔:《历史是什么?》,吴柱存译,北京:商务印书馆,1981,第 28 页。

上的科举制并不像现代人印象中的那么黑暗，以往人们对科举制的了解和认识既不全面，也不客观。科举制已经废止了近120年，也被误解了近百年，现在是到了该重新评价科举制，进一步纠正对科举制的偏见的时候了。

2020年9月28日，在主持十九届中央政治局第二十三次集体学习时，习近平总书记指出："中国古代农业技术、'四大发明'以及漆器、丝绸、瓷器、生铁和制钢技术、郡县制、科举制等在世界文明史上具有鲜明的独创性。"①国家最高领导人将科举制与"四大发明"相提并论，可见其对科举制的评价有多高。

评价科举制这样一个具有世界影响的制度，评价废科举这样一个重大的历史事件，不能就事论事，只集中观察清末废科举这样一个点、局限于中国近代教育史或中国历史的范围，而要放宽学术视界，将其置于整个世界文明发展史的时空背景中来考察。将科举制放在世界文明史的历史坐标上，以宏阔的视野和比较的观点来考察，我们对科举制的总体评价就会与过去的看法明显不同。

戊戌变法时批判科举制的梁启超，在1910年却对科举大加赞扬说："夫科举，非恶制也。所恶夫畴昔之科举者，徒以其所试之科不足致用耳。昔美国用选举官吏之制，不胜其弊，及

---

① 习近平：《建设中国特色中国风格中国气派的考古学 更好认识源远流长博大精深的中华文明》，《求是》2020年23期。

一八九三年,始改用此种试验,美人颂为政治上一新纪元。而德国、日本行之大效,抑更章章也。世界万国中行此法最早者莫如我,此法实我先民千年前之一大发明也。自此法行而我国贵族寒门之阶级永消灭,自此法行,我国民不待劝而竞于学,此法之造于我国也大矣。人方拾吾之唾余以自夸耀,我乃惩末流之弊,因噎以废食,其不智抑甚矣。吾故悍然曰:复科举便!"① 梁启超是在了解世界许多强国借鉴科举制建立文官考试录取制度、中国却彻底废止了科举制的情况下,才作出"科举非恶制"的结论,并主张恢复科举制。

废止科举是 19 世纪末 20 世纪初东西方文明冲突的必然结果和典型事例。具体地说,当时这种文明冲突包含基督教文明与儒教文明的冲突,以及工业文明与农业文明的冲突。② 虽然 20 世纪初科举制在中国被废止,但从世界范围看,科举不仅在唐宋时期吸引了诸多外国考生应试,而且还吸引周边国家仿效中国,建立了各自的科举制度,促进了中华文化的传播和各国文化水平的提升。自 19 世纪起,科举为英法德美等西方国家所借鉴,而对世界文明进程产生了推动作用,因此不少西方汉学家认为科举是中国在精神文明领域对世界的最大贡献。

---

① 梁启超:《饮冰室合集》文集之二三《官制与官规》,北京:中华书局,1989,第68页。
② 参阅刘海峰《科举停废与文明冲突》,《厦门大学学报(哲学社会科学版)》2006年第4期。

然而,在以往批判传统、否定科举的大气候下,不少科举研究论著偏重于采用清末学者的观点,着重批判科举的弊端,喜欢引用明清一些笔记小说的某些描写来说明科举对知识分子而言是多么糟糕的一种制度,有的甚至抄来抄去、陈陈相因,而较少去阅读发掘科举时代大量肯定科举的公平性和存在合理性的资料,以至于在人们的印象中科举成了一种坏得透顶的考试制度。不少介绍科举知识的专书受制于过去以偏概全的科举观,对科举的评价往往以批判为主调。

批判科举并不困难,20 世纪 80 年代初以前,从教科书到宣传文章对科举都是一边倒的批判,一般读过初中的人都可以谈出点道道来;而要肯定科举制则相对不容易,因为需要提出充分的根据,需要有理有据的商榷和辩驳才能拨乱反正,有时还需要有一定的学术勇气。

随着科举学研究的深化,中国人对科举的印象逐渐在改变。多数人在研究科举之前对科举制一般只有坏印象,在研究科举之后对科举制却有了不坏的印象。深入研究科举者基本上是对科举肯定较多者,而对科举批判和嘲讽者基本上是不研究科举者。其实科举不是妖魔鬼怪,不是洪水猛兽,不是传统社会的万恶之源,而是中国古代的一项重大发明。我们应客观全面地认识科举,深入系统地研究科举,将科举学研究推到一个新的高度,以无愧于发明这种独特考试制度的中华民族的祖先。作为传统文化和科举学的研究者,我觉得我有责任还原历史真相,这是一种历史使命和学术责任。

由于科举学是与从隋唐到明清大部分知名人物、大部分书籍和几乎所有地区有关的一门学问,不是关于中国传统文化局部,而是关于中国传统文化整体的一门专学,又是至今还有相当现实意义并和东亚及西方主要国家的历史有关的一门专学,因此国内外都已经出版有许多科举研究著作。只是现在的许多科举研究学术著作,虽然对科举的评价更为全面客观,但偏于专深,不易为一般读者所知晓和阅读。

本书试图在多年研究科举的基础上,写出一本具有新意、雅俗共赏的读物。正说科举,就是为长期蒙冤的科举制平反,就是本着实事求是的历史唯物主义态度,尽量对我们先民发明的这一重要制度作出较为公正客观的评价,纠正以往的反说与戏说,还历史的本来面目,使读者了解科举不仅有其局限和弊端,也有其长期存在的原因和积极意义。本书尽可能深入浅出,将科举制和科举文化熟练地把握并消纳内化之后,以较清新晓畅的文字叙述出来,以期达到学术性、思想性与可读性兼具的境界。

第一章

从反说到正说

清代举行殿试的场所紫禁城保和殿

从清末以来，在大多数中国人的心目中，"科举"是一个贬义词，科举制是帝制时代一种腐朽落后的、扼杀人才的取士制度。1905 年科举制寿终正寝时，对科举的否定评价，似乎已经盖棺论定，而且一百多年来占主流的评价也一直是负面的，似乎科举是一个反面的东西，反说成为理所当然。不过，只要我们冷静客观地重新审视科举制，便会明白直接提出"正说科举"或"为科举正名"并非故作惊人之语，而是有充分的理由和根据的。我们不应继续以情绪代替理性，以政治代替学术，以现代尺度裁量古人，以有色眼镜看待科举。对待科举，中国有必要从反说、戏说走向正说。

一、反说科举

自 1905 年废科举以后，科举制长期被人们误解，以至于"科举"成为一个让人看到就想到束缚、压抑人性之意的字眼，长期以来都是人们所批判、所不齿，甚至所痛恨的对象。民国时期就有不少人认为科举制虽然已废，但是流毒很深，甚至直接有"科举毒"的说法。1923年出版的《半月》杂志第2卷第10期刊出了"科举毒之纪念物"，内容是一组四张南京江南贡院的照片。还有人认为科举制毒害了中国读书人，毒害了整个民族的精神和文化，流毒无穷。

过去，在多数中国人的印象中，科举是一种只会造就腐儒的没落的取士制度，人们甚至认为"祸国殃民的科举制"严重地禁锢了整个民族的创造思想和创新精神，是阻碍中华民族进步的罪魁祸首，是过去中国腐败落后的重要根源，[1]因此当然要彻底否定科举制。1960年吴晗在《明代科举情况和绅士特权》一文中说："明清两代五六百年间的科举制度，在中国文化、学术发展的历史上作了大孽，束缚了人们的聪明才智，阻碍了科学的发展，压制了思想，使人脱离实际，脱离生产，专读死书，专学八股，专写空话，害尽了人，也害死了人，罪状数不完，也说不完。"[2]

废科举后的一百多年，大体上可以说是将科举制妖魔化的时代。由于已经形成了思维定式，许多人对科举的认识遵行这样的逻辑：因为科举制很坏，所以科举制才会被废；因为科举制被废，所以科举制肯定很坏。甚至到20世纪末，在1998年华

---

① 董孟怀等：《百年教育回眸》，北京：中国经济出版社，2000，第21—23页。
② 吴晗：《灯下集》，北京：生活·读书·新知三联书店，1960，第94页。

侨出版社出版的一套《黑二十四史》中，第 5 卷包括缠足史、游戏史、宦官史、科举史、酷刑史、盗墓史。将科举与缠足、宦官、酷刑、盗墓摆在一块，可见科举制度有多么黑暗。

其实，科举制是一个长期被误解的制度，"科举"则是一个被丑化的名词，一个被污名化的词语。过去多数中国人所知道的科举，主要是由教科书构建，批判、否定占据着绝对的主导地位。经过废科举后几十年的颠覆和灌输，主流的话语已经是"科举是恶制"。在政治左右学术的极左年代，人们对帝制时代的许多方面都加以批判，而"文化大革命"中的科举批判观却与清朝末年出奇得一致，而且，对科举的批判激烈程度还变本加厉，以至登峰造极，把科举批得一无是处。在对科举的一片责骂声中，情绪淹没了理智，成见代替了判断。然而在彻底否定"文革"多年后，一些人对科举的印象还停留在清朝末年或"文革"时期，以为科举是一种坏得透顶的制度，现代各种考试也都生怕被人说成是"新科举"。

因为科举在许多人心目中已是恶名，当代中国人要说某一种考试或机制不好时，说其"变成了科举"便是很重的批评。人们对"科举"一词避之唯恐不及，即使有人不再将"进士"和"举人"视为贬义词，偶尔比附一下，也多会遭到激烈的抨击。例如，2003 年 8 月，北京西南部门头沟区灵水村举办"举人节"（又称"举人'金榜'文化节"），试图通过此活动募集资金修缮已经濒临坍塌的大量珍贵古建筑，结果招来许多媒体的冷嘲热讽。2004年夏,北京安定门街道与中国人民大学人文奥运研究中心合作,准备将1978年以来各省的高考状元大名刻录成碑,立在北京孔庙中,与198块元、明、清三代进士碑比肩而立。此事经媒体报道后引起轩然大波,有的人认为这是足可诧异的奇事,认为"不要看科举制度废除了百年,但科举之历史幽魂,借得高考制度的皮囊,继续缠绕在国人的心头";"百年之后科举精神又借尸还魂,木乃伊归来了"。①在激烈的批判声中,该计划当然只好作罢。由此,可见"科举"一词的杀伤力之一斑。

虽然经过2005年中国"科举百年祭"为科举制平反的洗礼,许多原来对科举有误解的中国人已逐渐改变了对科举的偏见,但科举在当代中国人的印象中呈现一种光怪陆离的感觉。在历史学界、考试管理界和考试研究界,学者们对"科举"的看法已趋于中性,甚至部分人还偏向于褒义。但在一些人看来,"科举"仍然是一个负面的名词,科举制是一种腐朽落后的制度。

举一个最新的例子。为积极践行"两岸一家亲"理念,北京市台湾同胞联谊会(以下简称"台联")在"科举制度在台湾"学术研讨会和赴岛内高校巡展连续举办多次的基础上,于2018年8月组织了首次"台湾学子重走科举路研习营"活动。活动由全国台联指导,北京市台联策划,会同江苏省台联、福建省台

---

① 许纪霖:《高考状元碑背后的科举幽魂》,《南方都市报》2004年9月15日。

联、福州市台联、厦门市台联共同主办。2018 年 8 月 20 日,活动举办开营式,笔者应邀在开营仪式上向参加研习营的台湾部分大学师生和在京青年台胞大学生及相关单位嘉宾 50 余人作了题为《全面认识科举制》的专题报告。在活动期间,研习营的营员们以“士子”身份,沿清代台湾士子参加乡试、会试、殿试的科举之路开展交流活动,在厦门、泉州、福州、南京、北京等地寻访台湾士子走过的路,实景体验在清代科举考棚内进行考试的场景;此外,研习过程中还举办三次“科举考试”,考试成绩将最终决定营员们能否“学而优则仕”,最终成绩优秀者将会收到“捷报”。两岸台湾学子通过此次活动,深入了解了科举制度的历史,亲身感受到了台湾士子当年进京赶考的艰辛历程。由于该活动成效很好,之后于 2019 年 7 月举办了第二届、2023 年 9 月举办了第三届“台湾学子重走科举路研习营”。2024 年 7 月,北京市台联、天津市台联共同举办了“2024 年台湾学子重走科举路研习营(京津冀专题)”。此次活动本来还要邀请另外一个省的台联一起主办,但该省台联向上级领导请示之后,上级说“科举是封建流毒,不宜参加”,因此作罢。仅此一事,便足见在一些人的心目中,科举仍然是很坏的东西。

　　然而,科举真的有那么可怕和可恶吗? 真是坏到透顶吗? 过去一些批判科举的论者,怕是连科举制是怎么回事都没有真正弄懂,就匆匆挥笔作文,对科举制大加挞伐。将科举制说成是落后腐朽的封建制度,可以说是 20 世纪中国文化的最大冤案之一,现在需要回归科举的本真面目。

今人对科举制的偏见,很重要的成因是囿于清末人士对科举制的否定评价。科举时代对科举的批评与当今人们对高考的批评颇为类似。如果只看清末废科举时经过筛选的过激言论和后来的历史教科书,那么科举制的确很坏。如果后人对高考的印象都定格在 1966 年废高考前后的阶段,那就会形成这样的看法:"现行的升学制度,就是中国封建社会几千年来的旧科举制度的延续,是一种很落后的、很反动的教育制度。"①若只看经选择后的当代关于高考的部分观点或主张废高考派的言论,后人可能会认为所有当代中国人都十分痛恨高考制度,而实际上当今多数中国人还是赞成高考制度的。同样,清末对科举制的批判也往往是以偏概全的,一百多年后的今天,我们对科举的看法应该更为冷静客观。

1905 年 9 月,清廷发布上谕,"停止"科举考试。而随着帝制时代的终结,科举制再也不可能像以往那样重新恢复了,这一停便是永远停止了。在许多人的心目中,科举就是一个坏东西,必欲除之而后快。于是,人们在谈到停罢科举或废止科举时,通常是使用"废除"一词。一个"除"字,便体

---

① 转引自杨学为编《高考文献(上):1949—1976》,北京:高等教育出版社,2003,第617 页。

现出除恶务尽的主观色彩，便体现出认定科举是恶制的观点。2005年，笔者曾应一家著名学术刊物之约撰写一篇关于科举革废的论文，我的文稿中通篇都是使用"废止科举""停废科举"这种表述，但论文发表出来后，其他都没有更改，就是"废止""停废"都被改成了"废除"一词。似乎在多数中国人的思维定式中，"废除科举"已经是固定用法，才会出现这种情况。

有关现代人因视科举为恶制而任意裁剪历史的一个典型例子，是对《儒林外史》的态度。《儒林外史》一书确实讽刺批判了一些科举时代的应试现象，不过，只要不是戴着有色眼镜阅读此书，便可以看出此书对科举的态度并不是单纯的批判，其实它对科举也有所肯定。清代《儒林外史》有五十回抄本、五十六回刊本、六十回石印本，而1954年以后人民文学出版社出版的五十五回排印本，却将五十六回本中叙述补授全书中主要人物进士翰林的"幽榜"的最后一回删去，其原因是认为该回的内容与全书"反科举"的中心思想不符。这实际上是先入为主地认定科举不好，将自己的观点强加在古人身上，任意地剪裁历史。因为从第五十五回"添四客述往思来　弹一曲高山流水"的内容来看，它并不是全书的结尾，而第五十六回中的"幽榜"才构成此书完整的结尾，是这部长篇小说不可缺少的一部分。20世纪80年代末以后，大家逐渐意识到此问题，许多新出版的

《儒林外史》都将第五十六回重新收录,也就是还原历史真实。①

二、戏说科举

从隋唐到明清 1300 年的科举史上,千百万读书人从应考到科举发榜,发生过各种各样的故事。金榜题名、鱼跃龙门,自然是人们津津乐道的喜事;名落孙山、失意而归,更有大量心酸的落榜故事。由于科举考试具有戏剧性,而且也确实有许多关于科举的趣闻故事,便出现了许多以科举状元为题材的戏剧,所以有许多关于科举的戏说。

戏说科举大体上分为两种,一种是说皇帝经常凭考生的名字、长相或地域来钦点状元,以此来批评科举是一个没有规则的游戏。历史上极个别状元是因为名字吉利,或因为相貌而侥幸大魁天下,现代人编写的状元类书籍往往也着意描述状元及第者身上故事性的一面,但此类故事多数都有戏说的成分。

据说明初皇帝注重状元的相貌。查继佐《罪惟录·科举志》记载,洪武四年(1371)明朝首次开科,殿试后初拟郭翀为第

---

① 参阅刘海峰《〈儒林外史〉呈现的科举活动与科举观》,《教育与考试》2008 年第 4 期。

一,因其貌丑,另选吴伯宗为状元。也曾有因姓名吉利而独占
鳌头,或因姓名犯讳痛失状元之位的事例。嘉靖二十三年
(1544)殿试,阁臣初选的状元名为吴情,嘉靖皇帝听闻之后说:
"无情岂宜第一?"又因为头天夜晚雷鸣阵阵,就从殿试卷中找
到一个叫秦鸣雷的点为状元,以应雷鸣之兆。① 笔记小说记载
的事情是否都可靠还很难说,不过清人俞樾《茶香室丛钞》卷七
是说"求科第者当择令名",也就是说一个人的名字很重要,如
果名字不吉利,不利于求取科第。

　　皇帝在特定时候调整状元人选的情况偶尔是曾出现过。
清代从乾隆皇帝即位到乾隆二十五年(1760),在十一科殿试
中,有十科状元被江浙人获得,乾隆希望从二十六年的恩科开
始有所改变。赵翼《檐曝杂记》卷二载,殿试后历来进呈的都是
弥封试卷,要到钦定名次之后才拆封,但因为前几科的鼎甲(指
状元、榜眼和探花)都被军机中书所占,考前就有御史弹奏,所
以乾隆二十六年破例先拆弥封再呈上。乾隆见第一名赵翼是
江苏阳湖(今武进)人,第二名胡高望是浙江仁和(今杭州)人,
两人又来自江浙,并且还都是内阁中书,而第三名王杰是陕西
韩城人。乾隆遂问读卷大臣:"本朝陕西曾有状元否?"答曰:
"前朝有康海,本朝则未有。"乾隆听罢,决定将王杰提为状元,

① 〔清〕查继佐:《罪惟录》第3册,杭州:浙江古籍出版社,2012,第835页。

赵翼降至探花。①

为调节西北与江南的状元及第人数的悬殊状态,乾隆皇帝将陕西的王杰定为状元,这种情况在整个明清五百多年科举史上是极少数,清代仅此一例,而且乾隆还是出自区域公平的考量来调整鼎甲名次的,故而我们不能以一概百,说古代皇帝往往以地域偏好来调整名次、钦点状元。中国科举史上的多数时候,确定殿试名次都遵循严格的程序规制,也就是说进呈给皇帝阅看的前十本殿试卷是密封的,皇帝在不知道姓名、籍贯的情况下最后钦定名次,而且绝大多数科次,皇帝都没有调整读卷大臣拟定的名次。

流传很广的关于科举的戏说是关于中国科举史上最后一榜进士名次调整的传说。光绪甲辰(1904)科殿试后,读卷大臣在文华殿共同阅卷,评阅完毕、定好名次之后,依例进呈前十名试卷,由皇帝最后钦定名次。各科殿试进呈试卷,有依原先次序发下者,也有移动次序而发下的。阅卷大臣最初进呈殿试卷的名次是朱汝珍第一、刘春霖第二、张启后第三、商衍鎏第四。据说不敢以会元谭延闿试卷列于前三名,因为谭延闿与戊戌变法处死的谭嗣同都为一"谭",怕慈禧太后见"谭"色变,"遂将朱汝珍一卷列为第一。谁知慈禧一见'珍'字双眉紧皱,众阅卷臣始悟,太后残害珍妃,亦忌'珍'字,便把卷子搁置一边。慈禧看

---

① 陶易:《状元的貌选、名选与地选》,《文史天地》2016 年第 6 期。

第二卷时双眉舒展,喜上心头。因此卷主刘春霖乃肃宁人士……慈禧向大臣称道:'今岁天下大旱,举国焦虑,春霖乃春风化雨,普降甘霖之意;而肃宁则预兆大清肃靖安宁。此有大吉兆。'遂提朱笔批上'第一甲第一名'六字,中国历史上最后一名状元便告产生"。① 还有说慈禧太后看到朱汝珍姓朱,而之前明朝的皇帝都是朱姓,因此她一见广东人朱汝珍的名字就厌恶,加上慈禧对广东人恨之入骨(因为洪秀全、康有为、梁启超、孙中山等都是广东人),而渴望"肃靖安宁"是饱尝八国联军之苦后的慈禧的心愿,因此她将刘春霖点为状元,将朱汝珍贬为第二。

实际上,这是清末笔记小说为了增加趣味性而编出来的传言,是不符合历史事实的戏说。虽然戊戌政变后光绪皇帝被慈禧太后软禁在紫禁城西南海中的瀛台,但经历庚子事变出逃陕西、回到京城之后,两宫关系有所缓和,朝廷大典仪式仍由光绪出面,确定甲辰科前十本殿试卷名次的是光绪而非慈禧。另外,按清朝科举定制,进呈的试卷仍然密封,光绪皇帝也无法看到试卷作者的籍贯和姓名,要等到最后确定名次后才拆封。② 而且,若慈禧看得到殿试卷姓名且那么讨厌朱汝珍的话,完全可能将其置于第十名而不会让其得个榜眼。因此所谓慈禧太

---

① 王道生:《告别科举》,《天津日报》1999 年 11 月 25 日。
② 参阅商衍鎏《我中探花的经过——并谈光绪甲辰科殿试鼎甲名次变易的实在情形》,《大公报》1958 年 10 月 21 日、22 日。

后因为看到前两本殿试卷的应试者名字就将朱汝珍与刘春霖名次对调的流行说法是以讹传讹。

不过,当时光绪皇帝确实曾将读卷大臣进呈殿试卷的第一名与第二名对调、第三名与第四名对调,主要是因为光绪看到原第二名的殿试卷书法明显比第一名的更好,并觉得第四名的殿试卷比第三名的更好,因此调整了名次。而刘春霖的确书法极佳,尤其是小楷在民国时期名重一时,以至于有"大楷学颜(颜真卿),小楷学刘(刘春霖)"的美誉。

2000年1月14日,中央电视台"百年中国"系列专题片第二集"迟到的变革"播出"废除科举",解说词中说:"1904年,最后一次殿试在北京举行。进士碑上第一甲第一名的位置刻着刘春霖的名字。这一年正逢慈禧太后七十大寿,本年的状元由她钦定。对她来说,文章好坏也许并不重要,看重的却是吉利不吉利。候选状元朱汝珍的名字,使太后联想到珍妃,于是名落孙山,而刘春霖便成为中国历史上的最后一名状元,科举就这样啼笑皆非地走完了最后一段路程。"实际上并非慈禧钦定刘春霖为状元,朱汝珍更没有名落孙山。权威如中央电视台,解说词都出现这样的错误,可见这一关于科举的戏说影响有多大。

另一种关于科举的戏说是科举或状元题材的戏剧。它们因为要追求情节生动、增加戏剧性,所以往往以极端的情形来演绎故事。历史上状元题材的各种传统戏剧众多,以京剧为主的至 20 世纪末仍在演出的以状元为题材或有科举情节的剧种便达 84 个，其中以《陈世美》为代表的许多戏剧都有举子考中状元后抛弃糟糠之妻，成为驸马后飞黄腾达的情节。实际上，历史上考上状元后真正当上驸马的只有一人，而且此人不叫陈世美，但因为千百年来各种状元题材的戏剧长期流传，在民间广泛传播，以至于中状元被点为驸马的故事深入人心，戏说往往被认为是历史。

历史上虽然存在个别皇帝以貌取人钦点状元，或更动殿试排名的事例，但那只是极为个别的例外，多数皇帝都相当看重科举"抡才大典"的严肃性和权威性。在科举时代，国家、制度和人三者之间，存在着相互制约、相互依存的关系。人虽然是最重要的，但也往往受制度的约束。举子当然拥护科举制度，因为那是可能使他平步青云进而为国家效力的制度。即使是至高无上的皇帝，也不见得可以随心所欲地破坏科举制度，因为他也要顾及国家——在当时即皇家的江山社稷——的长治久安。

举例来说，唐玄宗时，玄宗身边的一个亲信希图将赏赐给其应考进士科的女婿王如泚的官位换成进士科名，玄宗答应后，通知礼部给其进士及第。主管科举的礼部侍郎将此事禀报宰相，宰相问礼部侍郎："如泚文章堪及第否？"礼部侍郎回答说："与亦得，不与亦得。"于是宰相说："若尔，未可与之。明经、进士，国家取才之地。若圣恩优异，差可与官。今以及第与之，将何以观才?"于是奏请收回成命,结果唐玄宗只好作罢。原来王如泚以为皇上答应的事,肯定没有问题,家里"宾朋宴贺,车马盈门",忽然知道中书宰相下文礼部"王如泚可依例考试",众人皆"愕然失措"。① 宰相之所以敢将皇帝许诺的事情挡掉,其理由为:官职是一回事,天子可以一时兴起封官许愿,但科名是另一回事,作为"国家取才之地",有其才学标准,不经考试,该考生平时文章水平也不太高,如果赏赐给他进士科名,如何说得过去? 因此,才学水平未达人们心目中的进士标准,想找皇帝走后门也行不通。而玄宗虽贵为皇帝,对此也接受礼部和宰相的意见,说明科举名位与官职确实不同,不好随意赏赐。

又如,清代康熙时,文果和尚因"圣祖南巡见之,命入京师,居玉泉精舍,宠眷殊厚。和尚一日携其孙入见,上问何事来此,和尚奏曰:'来此应举。'上曰:'应举即不应来见。'盖防微杜渐,虑其希望非分之恩也"②。说明在康熙皇帝的心目中,科第名位颇为神圣,不可造次。皇帝名义上是殿试的主考官,清代会试和顺天乡试首场制义(八股文)试题往往也由皇帝钦定,因此应举的考生不应该来见康熙皇帝。

---

① 〔唐〕封演撰,赵贞信校注:《封氏闻见记》卷三《贡举》,北京:中华书局,1958,第23页。
② 徐珂编撰:《清稗类钞》第 2 册,"考试类·和尚之孙应举",北京:中华书局,1984,第596页。

亨廷顿（Samuel P. Huntington）曾指出："所谓制度是指稳定的、受到尊重的和不断重现的行为模式。"①制度是人制定的，然而制度一旦制定之后，人就要受其约束，不能轻易改变它了。或者说，制度是人们共同约定的行事规则。它不是一种弹性的、脆弱的东西，而是一种刚性的、坚固的规制。规则对事不对人，既然已经制定，就得共同遵守，除非事先对规则做出更改。

《宋史·常安民传》载：熙宁（1068—1077）中以经义取士，一般举子纷纷效法王安石的学说，但常安民则特立独行，不随大流。当他在太学春试中考得第一名，试卷启封后，主考官见其年少，欲改变其名次，判监常秩（监察官员）不同意，指出："糊名较艺，岂容辄易？"这体现了制度的约束力量。糊名誊录制度如此，科举考试的许多制度规定也如此，具有高度的稳定性、权威性和强制性。极个别皇帝偶然地突破科举制度的规定属于少数的例外，个别不否定一般，戏说不能代替历史。

---

① ［美］塞缪尔·P. 亨廷顿：《变化社会中的政治秩序》，王冠华等译，北京：生活·读书·新知三联书店，1989，第 12 页。

三、以偏概全之说

清末为了废科举,对科举的弊端大加挞伐,不少言论以偏概全,或许矫枉必须过正。但是后来的人们深受清末废科举时的批判基调影响,经过现代一些人的价值观的过滤,各种正统的历史教科书中多见批判科举的言论,而古代大量肯定科举的言论则被有意无意地忽略了,结果让人以为古代有识之士都是不满科举的,全然不顾 1300 年间多数科举人物和民族精英的看法。

对待古代文艺作品,许多人以现代的观点来取舍,例如,批判科举的小说《儒林外史》和《聊斋志异》中的内容被选入语文教材,而大量称赞科举为贫寒士子改变命运的戏剧作品或传奇小说,被看成题材落后而被忽略。即使在中文系的古代文学课程中,谈到状元戏或才子佳人小说时,也是先入为主地对科举持批判的态度。其实,除了清末时期,多数时候,有过中举和及第经历的人与屡试不第者对科举的态度往往不同,他们一般对科举不至于那么痛恨,不少人有肯定科举之词,从白居易到欧阳修,从苏轼到龚自珍,古代不少文化巨人曾称赞过科举。科举时代,不仅许多通过科举阶梯获得成功的政治家和文学家,而且一般的知识分子也多是拥护科举制度的。至于普通老百姓，往往以为科举是一种可以让人经过奋斗而改变命运的东西，没有什么不好，不过，一般百姓赞美科举的言论既无法成文，也难以刊刻流传下来。尽管如此，我们还是能够找到不少以往人们想不到的肯定科举的言论。①

中学语文课本中选收的《范进中举》和《孔乙己》只代表了批判科举一方的观点。古人对科举的评价，往往也与自身的体验和经历有关，金榜题名者与名落孙山者对科举的感受是大不一样的。对科举持激烈批判态度者往往是屡试不第者，而中举、及第者对科举较可能有肯定的评价。《儒林外史》的作者吴敬梓和《孔乙己》的作者鲁迅，都有厌恶科举的情结。吴敬梓获得秀才身份后参加了多次乡试未中，对科举制甚感愤懑。因此有的论者认为，科举制并非一无是处，若科举制度并不是真的困死了人才，《儒林外史》就不过是小文人的一腔牢骚宣泄的产物，不值得学问家过分推崇。鲁迅的祖父周福清图谋通过贿赂浙江乡试主考官预先获得考题，被查获后遭处罚并导致其家道中落，鲁迅对科举的深恶痛绝可能与此家世有部分相关（当然鲁迅批判科举不只是家世原因）。

偏见比无知离真相更远。就对科举的认识而言，这句话很有道理。没有接受过以往片面宣传影响的人，如过去乡间不识

---

① 参阅刘海峰《重评科举制度——废科举百年反思》，《厦门大学学报（哲学社会科学版）》2005 年第 2 期。

字的老太太对科举的认识可能还更接近于科举制的真相。由于考状元、考秀才的传统戏剧和故事，人们对科举形成了朴素的认识，"私订终身后花园，落难公子中状元"，知道贫苦的读书人可以刻苦攻读参加考试而改变命运，知道靠自己的才学考秀才考状元是很好的事。而通过以往中学教材里《范进中举》《孔乙己》的片面批判，科举给人们留下的多是坏印象。然而，文学作品不等同于历史事实，"范进""孔乙己"等虚构文学人物的可笑，不应掩盖司马光、林则徐等真实进士群体的可敬。

过去人们批判科举，往往使用"过滤性证据"，就是把不符合命题的证据全部过滤掉，只留下适合命题的证据。经过一些人的主观筛选，科举给人留下的印象就只有"黑暗""腐朽""罪恶"等，似乎科举考试只考僵化刻板、空疏无用的八股文。在将科举制批倒批臭的时候，1958年人民文学出版社出版的《儒林外史》前言中对科举制便有彻底否定的评价："明、清几百年中，这个制度形成庞大的势力，在整个封建制度中突出了它的罪恶性。在那个时代，凡是对这个制度表示不满或进行批判，都有积极的现实意义。"[1]其中不仅突出了科举制的"罪恶性"，而且用了"凡是"一词，也就是只要是对科举表示不满或批判的，都是对的，都是值得肯定的。现在的中国人看到这样对科举制的定性不知作何感想？

---

[1] 吴敬梓：《儒林外史》，北京：人民文学出版社，1958，前言第3页。

我们不应忽略科举制的历史性。评价历史制度,需将其还原到当时的历史环境中去,这样才不至于使讨论脱离了历史实际。在传统社会,试想能构想出其他更好的选才制度来吗? 古代的中国统治者和许多文化巨人并不是没有看到科举制的局限和弊端,也不都是因循守旧之辈,但他们经过反复比较,最后还是选择了科举制,这实际上是一种择善而从。

古代一些学者批评科举取士并不等于反对科举制度。从古代到近代的学者对科举制的批判主要是对应试现象、对考试内容和形式的批判,特别是对八股取士的批判,很少有人否定科举制本身。如朱熹批评只重举业而忽略真实学问的现象,顾炎武严厉批判八股文,但他们都没有否定科举制本身。吴敬梓的《儒林外史》、蒲松龄的《聊斋志异》,是两位文人久困科场、屡试屡败之后转而撰写的抨击和讽刺科举的文学作品,而且他们也没有否定科举制度本身。但是,你找得到从韩愈、柳宗元、白居易、欧阳修、苏轼、辛弃疾,到文天祥、林则徐、纪昀等成千上万进士出身的人才对科举制的否定评价吗? 既然找不到,我们就可以看出过去的一些观念是多么以偏概全了。科举是有很多弊端,也对古代教育和文人心态造成了一些负面影响,但古人始终没有找到更加公平合理且可操作的办法来替代它,因此,一千多年中,伴随着连绵不断的批评,科举还是在选拔官员中起主要作用。

四、平反论的由来

许多人可能不知道，科举制废止之后不久，就开始有人提出为科举制平反。而且，这种呼声时断时续，总的来说还越来越大。

1300 年中国科举史上，曾发生过六次科举利弊存废之争，科举制曾被废止过三次，但每次在废止之后不久便不得不恢复。19 世纪末 20 世纪初，中国面临着"千年未有之大变局"，整个社会政治经济环境与古代大不相同，已经没有了科举制生存的社会文化土壤，1905 年废科举兴学堂，科举制走到万劫不复的境地。但此后才几年，也一样有人提出恢复科举制。其中较有影响的，是 1907 年中书黄运藩以"整顿学务"为名提出恢复科举，给事中李灼华奏请变通学校规则、"兼行科举"，结果都被否定。民国以后，也还有一些人为科举制的遭遇鸣不平，不过因人微言轻，影响不大。以下仅举清末民初一些著名人物为科举制平反的事例。

最早提出为科举制平反的著名人物是戊戌变法时期极力批判科举的梁启超。

1910 年，在一片对科举的唾弃声中，梁启超冒着被时人视为"顽陋"的风险，发表了"夫科举，非恶制也。……吾故悍然曰:复科举便!"的主张。在科举制才被废止五年的时候,梁启超的这般言论无疑是非常另类的,当时他还在日本避难,思想与戊戌变法时期相比已趋激进。在辛亥革命前夕的 1910 年,梁启超的言论接近于革命党人,这是他政治上最激进、主张采用革命手段推翻清朝帝制的时候,但在对待科举制度的态度上,他却提出恢复科举制这种似乎是维护旧制度的反潮流观点。只是当时梁启超的这番言论并未引起多少人的重视,以至于长期以来一般人仅知道梁启超早先批判科举的立场,而很少有人听说他还曾发出为科举制平反的呼吁。但是,梁启超的幡然悔悟,十分值得我们深思。

"五四"时期重要的科学启蒙者和自由主义思想家杜亚泉,在 1911 年撰文指出:"吾直以当日之设学堂、废科举,为多事矣。向使当日者,不废科举之制度,但稍稍改易其课试之程式",那么,这种科举改革所产生的效果,会比废科举兴学堂更好。① 他是最早提出科举制其实可以不废这一观点的名人之一。

另一位在科举废后不久却赞美科举的是伟人孙中山。民国建立后,孙中山在各种场合一再称赞中国古代考试的公平性,强调考试在政府选任官员中的重要性,他在《五权宪法》讲演等演说中多次说过:欧美各国的考试制度,差不多都是学英

① 田建业等编:《杜亚泉文选》,上海:华东师范大学出版社,1993,第 21 页。

国的。穷流溯源,英国的考试制度原来还是从中国学过去的。所以,中国古代的考试制度,是世界各国中所用以拔取真才的最古最好的制度。孙中山是在游历东西洋多国作过比较之后,且看到民国建立以后各路军阀拥兵自重、强权决定官员选任的状况,痛定思痛才发出此论的。孙中山还指出:"自世卿贵族门阀举荐制度推翻,唐宋厉行考试,明清峻法执行,无论试诗赋、策论、八股文,人才辈出;虽所试科目不合时用,制度则昭若日月。"①这是直接为科举制平反的言论,他不仅称赞科举制度本身,而且连科举考试的内容也加以肯定。孙中山的观点促成了后来民国考试院的建立,这实际上是科举制的复活。

后来一些著名学者,对科举制也有相当中肯的评价。如胡适认为民主中国的历史基础之一便是科举制度,他说:"这种制度确实十分客观、十分公正,学子们若失意考场,也极少埋怨考试制度不公。……它是一个公正的制度,即使是最贫贱家庭的男儿也能够通过正常的竞争程序而爬升到帝国最荣耀、最有权力的职位上。经过这种制度的长期训练,中国人心中已形成了一个根深蒂固的观念:政府应掌握在最能胜任管治工作的人的手中;政府官员并非天生就属于某一特殊阶级,而应通过某种向所有志愿参加考试的人敞开的竞争性的考试制度来

---

① 《孙中山全集》第 1 卷,北京:中华书局,1981,第 445 页。

选任。"①

1952 年，钱穆在《中国历代政治得失》一书中说："无论如何，考试制度，是中国政治制度中一项比较重要的制度，又且由唐迄清绵历了一千年以上的长时期。中间递有改革，递有演变，积聚了不知多少人的聪明智力，在历史进程中逐步发展。这决不是偶然的。直到晚清，西方人还知采用此制度来弥缝他们政党选举之偏陷，而我们却对以往考试制度在历史上有过上千年以上根柢的，一口气吐弃了，不再重视，抑且不再留丝毫顾惜之余地。那真是一件可诧怪的事。"②钱穆十分肯定科举制的历史作用，是为科举制平反的代表性学者之一。

20 世纪 80 年代以后，随着思想的解放和学术环境的宽松，科举研究空前活跃起来。随着时间的推移，人们已不再像世纪初那样为激愤的情绪所左右。也许部分是出于离清末废科举更为久远的缘故，许多学者开始对科举作出冷静的分析和理性的判断。更重要的是关于高考存废的正反两方面的经验，以及没有制度化的遴选官员或公务员的程序所显露出来的弊端，促使人们更加深刻地反思科举制的是非功过。经过客观的研究，人们这才知道对科举的坏印象原来是清末为废科举而矫枉过正地将其说得一无是处造成的。

---

① 胡适著，欧阳哲生、刘红中编：《中国的文艺复兴》，北京：外语教学与研究出版社，2001，第 323 页。
② 钱穆：《中国历代政治得失》，北京：生活·读书·新知三联书店，2001，第 89 页。

例如,担任过教育部考试中心主任十余年的杨学为先生曾谈到,20世纪60年代以前念书的时候,读的书、听的报告,几乎都说科举及其考试不好,当然他也这样认识。后来他从事考试工作,又查了一些资料,才感到原来的认识不全面,转而认为考试是中国的伟大发明,是对人类文明的伟大贡献,可以和"四大发明"相媲美。科举对于儒家经典的传播,对于中华民族的融合,对于祖国的统一,都发挥了重要的作用。对科举的评价,应持历史的、具体的观点。①

有的学者认为,须重新认识科举制的历史作用和地位,不应将科举制的功能和具体内容相混淆,就制度本身而言,科举不愧为中国传统文化的杰作,在中国历史上起了极其重大的作用,如同传统文化的其他精华一样,科举制度的积极部分值得我们继承和发展。② 有的学者在对明清时期进士与人才的时空分布及其相互关系进行实证研究后认为,对科举的公正性和教育功能应重新评估,就制度本身和实际录取而言,即使到清末,其客观性和公正性还是主流的。进士中的绝大多数并非

---

① 杨学为:《中国需要"科举学"》,《厦门大学学报(哲学社会科学版)》1999年第4期。
② 葛剑雄:《科举、考试与人才》,见江苏省人才学会编《人才与经济、社会、文化发展——第二届中国东南地区人才问题国际研讨会论文集》,南京:东南大学出版社,1996,第263—265页。

"不学无术""平庸低能"之辈,对科举考试内容的智力性不应怀疑。① 经历了近一个世纪的政治风云与官制兴革,人们回首发现:科举制采用的考试选才办法要优于世卿世禄制和察举推荐制。有的论者指出,在中国传统文化中,科举制在中国近代遭受到的对待恐怕是最缺乏理性的,由于科举制的废除,中国干部人事裁判制度实际上倒退到科举制以前诸形态。②

为科举制平反的多数论者认为科举的弊端不是制度问题,而是内容问题,即明清两代主要考八股文不合理,是八股文拖累了整个科举制度。然而,甚至是八股文这一科举中最为"丑陋"的部分,也有不少学者要为之平反。例如,1996年海南出版社就出版了一本《八股文观止》,作者对八股多所肯定。1991年,启功在《说八股》一文中,认为八股是一种无善无恶的文体,纠正人们对八股文的偏见,③实际上是为八股文平反。《光明日报》2000年10月31日发表的《历史不能割断 传统岂容忽视——访启功》中,便指明启功写《说八股》是"为八股文平反"。此后,文学界还有许多学者充分肯定了八股文的价值。后来启功、金克木、张中行合著的《说八股》一书致力于纠正人们对八股文的偏见,邓云乡《清代八股文》一书也较为客观公正地评价

---

① 沈登苗:《明清全国进士与人才的时空分布及其相互关系》,《中国文化研究》1999年第4期。
② 蒋德海:《科举制在中国近代的遭遇》,《复旦学报(社会科学版)》1996年第5期。
③ 启功:《说八股》,《北京师范大学学报》1991年第3期。

了八股文体。

1996 年，又有学者认为，我国军阀时代与后来的官制也未见得优于，甚至常常是劣于科举，而现代文官制中的考试制度却有许多类似于科举的程式，①为科举制"平反"的呼声越来越高了。

有不少西方人还认为科举制的重要性不亚于物质文明领域中的"四大发明"。根据西方学者的说法，我认为，从对世界文明进程的影响来说，在一定意义上，科举制可以称为中国的"第五大发明"。② 香港的中国文化研究院所制作的"灿烂的中国文明"网上学习计划，便将"科举制度"列为一个专题。

正是在为科举制平反的大趋势中，1992 年，"科举学"应运而生。③ "科举学"的提出本身具有某种为科举制平反的含义。因为在彻底否定科举的学术大环境中，是不可能提出将科举作为一个专门研究领域的"科举学"的。不论对科举制的是非功过如何评价，科举总是一种客观存在。20 世纪的中国人对待科举，总体上可以说是从蔑视到重视、从激愤到冷静、从片面到全面、从批判到借鉴、从政治到学术。"科举学"的发展趋势是从冷寂走向热门，从制度的考释走向理论的探讨，从激情的批

---

① 秦晖：《科举官僚制的技术、制度与政治哲学涵义——兼论科举制与现代文官制度的根本差异》，《战略与管理》1996 年第 6 期。

② 刘海峰：《科举制——中国的"第五大发明"》，《探索与争鸣》1995 年第 8 期。

③ 参阅刘海峰《"科举学"刍议》，《厦门大学学报（哲学社会科学版）》1992 年第 4 期。

判走向理性的判断。

　　总之，为科举制平反，在当代中国学术界已成为一股思潮，成为一个趋势。许多研究者不约而同提出为科举平反，确实是发现科举制在历史上曾发挥过不可抹杀的重大作用，经过慎重的思考后才提出的。

五、还原历史真相

　　科举是一个影响重大且利弊都十分显著的考试制度，对其应该如何评价，向来都是争论激烈，即使在 1905 年废止科举之后，这种争论还是无休无止。尽管科举制至今已废止了近 120 年，但它还不断被人们重提和反思，它给人们留下的印象不时被翻新。废科举后人们对科举制的评价，依出现时间先后，大致可以分为以下三个阶段：全盘否定阶段、在总体否定中肯定其中某些值得肯定的因素的阶段、在总体肯定中否定其中某些应该否定的因素的阶段。在中国科举百年祭的 2005 年，中国学术界、文化界出现纪念和讨论科举的热潮，掀起了一场文化大争论，之后开始逐渐进入第三个阶段。

　　2005 年 1 月，笔者发表了《为科举制平反》一文，系统地、旗帜鲜明地提出为科举制平反，引起了强烈的反响与共鸣。大多数人都表示赞同为科举制平反的观点，但也有部分人不大理解,认为清末废科举扫清了兴学堂的障碍,近代教育得以迅速发展,这是一件值得肯定的历史事件,因此不应为科举制平反,其中有不少人误以为"为科举制平反"就是否定废科举。其实,为科举制平反不等于否定废科举这一历史事件。

在中国历史上存在了 1300 年的科举制度,是一个不断演变、十分复杂的制度,其影响非常重大而利弊都十分明显,人们对科举的评价也是"横看成岭侧成峰,远近高低各不同"。即使是主张为科举制平反的言论,其间也有很大的差异。具体来说,提出为科举制平反的人士及其观点大体可以分为三类。

第一类最激进者是最彻底的平反论,不仅否定废科举,而且主张恢复科举制。以梁启超、孙中山等人为代表。前面已经提到梁启超主张恢复科举的言论。孙中山多次谈到科举考试选拔人才的积极作用,曾说:"至于考试之法,尤为良善。稽诸古昔,泰西各国,大都系贵族制度,非贵族不能做官。"认为科举制"最为公允,为泰西各国所无"。① 1918 年,孙中山甚至直接指出废科举是因噎废食,他说:科举考试为"中国良好之旧法","往年罢废科举,未免因噎废食。其实考试之法极良,不过当日考试之材料不良也"。② 孙中山认为考选制与监察制是中国古代固有的两大优良制度,"我期望在我们的共和政治中复活这

---

① 《孙中山全集》第 3 卷,北京:中华书局,1984,第 346—347 页。
② 《孙中山全集》第 1 卷,第 445 页。

些优良的制度,分立五权,创立各国至今所未有的政治学说"①。南京临时政府成立,孙中山即以临时大总统的名义批令拟定《文官考试章程草案》,1924 年 8 月 26 日,孙中山以中华民国陆军大元帅名义正式公布了《考试院组织条例》及《考试条例》《考试条例施行细则》等,后来南京国民政府建立考试院,举行高等考试,实现了孙中山的设想,在一定意义上"复活"了科举制。

第二类是对废科举表示质疑,认为科举其实可以不废,废科举是因噎废食,并造成了严重的社会后果,也就是否定废科举这一历史事件,但并未提出恢复科举制。以杜亚泉、胡适、钱穆等人为代表。杜亚泉的言论,前已述及。在谈到戊戌变法时,胡适则说:"康梁变法的时候,只是空洞地吸收外国文化,不知道紧要的是什么。学堂是造就人才的地方,学堂不能代替考试的制度;用学校代替考试,是盲目的改革。结果造成中国二十五年来用人行政没有客观的、公开的用人标准。"②

钱穆在 1951 年发表的《中国历史上之考试制度》一文中指出,科举制"因有种种缺点,种种流弊,自该随时变通,但清末却一意想变法,把此制度也连根拔去。民国以来,政府用人,便全无标准,人事奔竞,派系倾轧,结党营私,偏枯偏荣,种种病象,

---

① 《孙中山全集》第 1 卷,第 320 页。
② 耿云志:《胡适年谱》,成都:四川人民出版社,1991,第 178 页。

指不胜屈。不可不说我们把历史看轻了,认为以前一切要不得,才聚九州铁铸成大错"①。既然说废科举是"大错",钱穆显然属于否定废科举的一类学者。

当代学者中也有不少人持此类观点。如萧功秦认为当时取消科举这一"休克疗法"导致了消极后果,科举制的急忙废止引发了急剧的社会震荡,导致中国历史上传统文化资源与新时代的价值之间的最重大的一次文化断裂。② 罗志田认为,清季科举制的改革与废除不仅是个政治变革,还引起了广泛的社会变迁,造成了深远的社会影响。科举制废除后,耕读仕进的上升性社会变动取向转变,城乡逐渐分离,在传统社会中原居四民之首的士阶层不复存在。由于政教相连的政治传统中断,政统的常规社会来源枯竭,又缺乏新的职业官僚养成体制,原处边缘的军人和工商业者等新兴权势社群因"市场需求"而逐渐进据政统。而政治、军事群体的社会组成及其行为也逐步走向非常规化,出现了"游民"和"饥民"这类边缘社群对政治军事的参与及开会、发电报等新兴的政治行为。③ 还有一批学者着重探讨废科举的消极后果,他们基本上也属于否定废科举一类。

第三类是不否定废科举但充分肯定科举制,认为虽然废科

---

① 钱穆:《国史新论》,台北:东大图书有限公司,1984,第114—115页。
② 萧功秦:《从科举制度的废除看近代以来的文化断裂》,《战略与管理》1996年第4期。
③ 罗志田:《清季科举制改革的社会影响》,《中国社会科学》1998年第4期。

举的过程有点匆忙,但废科举属于历史发展的必然。在主张为科举制平反的学者中,此类学者最多,以顾颉刚、潘光旦、葛剑雄、何怀宏、杨学为等人为代表,笔者也属这一类。

1936年,顾颉刚在为邓嗣禹《中国考试制度史》一书所作的序文中说:“隋代一统,惩责其非,废九品中正法而创进士科。历代踵行,时加修正,以迄于明清,防闲之法益密,取人之道益公,所举中原与边域之人才亦益均,既受拥护于人民,又不遭君主之干涉,独立发展,蔚为盛典,盖吾国政制中之最可称颂者也。”潘光旦认为科举考试实“为中华民族独有之物”,谈到废科举时,他认为:“不论任何制度,不能一百分的完善,也不能有百害而无一利。一笔抹杀的论调,总是不相宜的。”①

何怀宏认为,经历了近一个世纪的政治风云与官制兴革,人们回首发现:科举制采用的考试选才办法要优于世卿世禄制和察举推荐制,“学而优则仕”原则有其局限性,但远比“血而优则仕”好,也肯定比“学而劣则仕”或“不学而仕”要好。② 葛剑雄与杨学为的相关论述前已言及,不再赘述。

笔者曾撰文指出,科举制就是一个选拔官员的考试制度,它本身不见得就那么恶,将科举骂成罪大恶极实在不够全面客观。③ 从考试制度的发展规律和清末的时代背景来看,当时废

---

① 《潘光旦文集》第1卷,北京:北京大学出版社,2000,第290页。
② 何怀宏:《选举社会及其终结:秦汉至晚清历史的一种社会学阐释》,第38页。
③ 刘海峰:《知今通古看科举》,《教育研究》2003年第12期。

科举是历史的必然。即使不在 1905 年匆忙废止,也会在稍后几年废止,至少会在计划中的 1911 年废止。①

还有许多学者没有使用"平反"的说法,但对科举的评价比以往更为正面,大体上也可以归入这一类。为科举制平反的观点有一个形成过程。自 20 世纪 80 年代以来,越来越多的学者提出要重新评价科举制。

《辞海》对"平反"一词的解释为:"纠正冤屈误判的案件。"古代将"平反"一词理解为"理正幽枉也"。提出为科举制平反,平反的对象并不是"废科举",而是科举制,目的是要将人们对科举制的错误印象纠正过来,纠正长久以来对科举制的偏见,使人们不再冤枉科举制。

长时段评价科举制与短时段评价废科举应有所区别。我们不能以科举制在近代的废止结局来否定其在古代长期存在的理由和价值。科举存在了 1300 年,而清末废科举前后只有十余年,至多几十年。在 1300 年的中国科举史上,有大约1240 年的时间,科举制是适应当时的时代和社会的。只是当西学东渐、国门被迫打开之后,科举制才日益与时代脱节。科举制的废止,到 19 世纪末以后才显得理由充足。从 1903 年计划渐废科举到 1905 年立废科举的变化,也是在当时内忧外患的特定历史条件下发生的。

---

① 刘海峰:《科举制百年祭》,《北京大学教育评论》2005 年第 4 期。

　　科举在清末被废，并不是因为考试选才制度很坏，而是特定历史时代的必然结果。不是科举制不适应传统中国社会，而是近代以后中国社会已发生了亘古未有的改变。实际上，科举是废于时而不是废于制。美国纽约市立大学教授李弘祺便曾感慨："科举制度是因时代而失败的制度，并不是因为其本身而失败的制度。"①在中国传统社会，科举制有其产生和长期存在的必然性与合理性，清代学者梁章钜甚至以为"终古必无废科目之虞"②。科举制在近代的衰废，是因为社会环境已发生了根本的变化，科举制已无法适应新的时代。

　　为科举制平反，就是为沉默的古人说话。经过后人的筛选，赞扬科举的古人变成"沉默的大多数"，为科举制平反，让他们也有"发声"的机会，此乃这部分古人之幸。在类似于科举改革等不涉及君权的领域，看来中国古代多数时候是有相当程度的言论自由的。除清代大兴文字狱的时期以外，什么人都可以发表自己对科举考试本身改革的看法，只要不触及专制统治的底线。你可以骂科举不好，也可以为科举唱赞歌。因此现在还可看到古代许多批评科举的文字，不过这方面的言论在清朝末年被进一步放大了，以至于淹没了更为大量的肯定科举的言论。

---

① 转引自孟汤《科举废止前后》，《南方周末》2005 年 10 月 6 日。
② 〔清〕梁章钜：《浪迹丛谈》卷五《科目》，福州：福建人民出版社，1983，第 69 页。

还科举制的本来面目就是还历史的本来面目。与科举类似，书院在清末也被视为旧学的堡垒而遭到彻底唾弃，儒学、汉字在"五四"时期也曾被一些人说得一无是处。到后来，人们更加全面客观地分析，便为书院、儒学、汉字等平反。而科举制至今在许多人的心目中仍然很坏，其实不是科举制本身太坏，而是人们对科举制的偏见太深。自清末将科举妖魔化以来，许多人还停留在跟在清末人士后面盲目地批判科举制的阶段。现在亟需正本清源，不能人云亦云，而不作具体的分析和自身的判断。

第二章

科举评价的误区

江南贡院全图

　　由于科举制非常复杂且影响巨大，人们对其的评价向来都有很大的差异。总体而言，科举时代对科举制是肯定的多、批评的少，清末废科举前及以后是否定的多、肯定的少。从 20 世纪初到 20 世纪末，中国人在科举评价中存在许多认识误区，出现各种与历史实际不符的、似是而非的流行说法或错觉，本章略为辨析六个科举评价的误区。①

一、"科举无法选拔真才"

　　过去有一种流行的说法，认为科举无法选拔真才，或者说科举不能有效地培养和选拔人才。持这种观点的人往往将文学作品中虚构出来的范进、孔乙己等当成科举人物的代表，以为科举制造就的都是这种类型的腐儒，却忽略了大量真实的杰出科举人才。范进、孔乙己等当然也反映了历史真实，但归根

---

① 参阅刘海峰《为科举制平反》，《书屋》2005 年第 1 期。

到底总是文学作品里构想出来的人物,而科举曾选拔了从文天祥到林则徐这样的民族英雄,从白居易、柳宗元、刘禹锡到欧阳修、苏轼、辛弃疾这样的文学家,从王安石、包拯到海瑞、张居正这样的政治家,从韩愈、朱熹到蔡元培、黄炎培这样的教育家,甚至还有沈括、宋应星、徐光启这样的古代科学家。这些都是实实在在的科举人物,远比"范进""孔乙己"来得可信。

从隋唐到明清,中国历史上大部分政治家、大部分文学家、大部分教育家、大部分著名学者皆是科举出身。笔者据上海人民出版社 1977 年出版的《辞海(文学分册)》所录中国历代作家统计,隋唐五代至清末近代,作家共有 602 名,其中进士和举人等出身者共 341 名,占总数的 56.6%,而且这还不包括诸生(秀才)一级的科举中式者。若再考虑到《辞海》所录作家有些是略载其科第经历(如吕祖谦便漏载其进士出身)、皇帝、宦官、和尚、女作家等从不应举等因素,科举出身者在古代文学家中所占的比例还会更高。因此可以说,中国帝制时代后期的多数文学家是科举出身。但是,20 世纪 80 年代以前,人们对科举制的批判和宣传流于片面,以至于连许多大学里学中文的都不知道隋唐以后多数文学家是进士出身,教育学系本科毕业,甚至中国教育史专业的研究生,都不知道韩愈、朱熹、蔡元培、黄炎培等人也是进士或举人。

当然,科举的目的不是选拔文学家而是选拔官员,从隋唐至明清 1300 年间多数政治家都是科第中人,连清末激烈批判八股科举的康有为、梁启超、张之洞等人也是科举出身，这些名人都属于科举人才，这说明科举制的选才功能是发挥出来了。宋太宗曾说："朕欲博求俊彦于科场之中，非敢望拔十得五，止得一二，亦可为致治之具矣。"①宋太宗很明白科举所取之士不可能个个都成大器，只要有百分之一二十的人能成大才便算成功。因此，总体而言，科举可以说能够将传统社会的真才选拔出来委以重任。

科举制选拔人才功能的体现之一是能够选拔效忠朝廷（即国家社稷）的志士。例如宋末、金末、元末、明末都出现众多视死如归的死节进士，也说明科举所选拔的人才往往具有精忠报国的精神。养兵千日，用兵一时，有的进士是"平日袖手谈心性，临危一死报君王"。正所谓"居庙堂之高则忧其民，处江湖之远则忧其君"，在国家危难之时，总有进士挺身而出，承担起卫国重任，像南宋末年誓死捍卫赵宋朝廷的文天祥、谢枋得、陆秀夫，皆为宝祐四年（1256）进士。在金朝危急存亡之秋，许多进士也成为尽忠尽节之士。据《金史·忠义传》统计，金末抗蒙死节的70余人中，有28人为进士出身。包括女真进士，金朝进士后来成为国家、社会的中坚力量。具体考察，女真进士无论是监察官员之"忠君"，还是地方官员之"死节"，大多数人的

---

① 〔元〕脱脱等：《宋史》卷一五五《选举志》，北京：中华书局，2000，第 2411 页。

事迹中显现出的是对君主及其所代表的国家的效忠。①

元末殉国的忠义人士之中，进士所占比例也很高。元臣大将守土封疆者以死殉国的不多，死节者大多是科举之士。清人赵翼《廿二史札记》卷三〇根据《元史·忠义传》列举的 16 位元末殉国进士的案例，得出"元末殉难者多进士"的结论，并指出："元代不重儒术，延祐中始设科取士。顺帝时，又停二科始复。……然末年仗节死义者，乃多在进士出身之人。……诸人可谓不负科名哉！而国家设科取士亦不徒矣！"

总体而言，进士出身者较为熟悉儒家统治理论和历代兴衰经验，受修齐治平、经邦济世的观念影响较深，具有较好的政治素质，因而比常人更重名节和民族大义，关键时刻往往挺身而出，报效国家。明朝末年殉难者数千百人，也是进士出身者居多。在改朝换代之际，进士出身者比一般人更可能挺身而出，不惜选择杀身成仁以保全志节。这说明科举考试选拔出来的人不仅在才学方面优秀，在大是大非方面也有值得称道之处。②

对于科举制是否能够选拔人才的问题，宋代陆九渊曾辩护说："古之兴王，未尝借才于异代，而后世常患人才之不足。或

---

① 参阅徐秉愉《金代女真进士科制度的建立及其对女真政权的影响》，《台大历史学报》第 33 期，2004 年 6 月。
② 刘海峰：《科举政治与科举学》，《华中师范大学学报（人文社会科学版）》2010 年第 5 期。

者归咎于科举,以为教之以课试之文章,非独不足以成天下之才,反从而困苦毁坏之。科举固非古,然观其课试之文章,则圣人之经,前代之史,道德仁义之宗,治乱兴亡得丧之故,皆粹然于中,则其与古之所谓'学古入官''学而优则仕'者何异?困苦毁坏之说,其信然乎否也。"①陆九渊认为科举制度与"学而优则仕"的古代理想本质上相同,科举制度能够选拔人才。

人们往往笼统地说唐宋时期科举考试发挥出较明显的积极作用,明清以后因为考八股文,弊端较为突出,选才功能下降。实际上,明清科举也选拔出大量的政治和文化英才,而且被人们批评得最厉害的清后期,科举人才似乎比清前期更突出,整个清代科举人物也比明代科举人物更有作为。

要指责科举不能选拔优秀人才,甚至只会扼杀人才,就应该举出可靠的论据,最好也用实证的方法来反驳为科举制平反的论点。例如,即使是在科举制的晚期,清代进士出身的优秀人才也不胜枚举,谁有办法否认曾国藩、左宗棠、李鸿章等科举出身的"中兴大臣"不是人才?谁能说张之洞、康有为、张謇、蔡元培等进士不是优秀人才呢?

由于科举选拔出大量的人才,人们对具有真才实学的科举出身者十分敬重,因此科举时代流行着"科以人重科益重,人以科传人可知"的名言。这是在科举选拔了大量人才所以显得重

---

① 《陆九渊集》卷二四《策问》,北京:中华书局,2020,第341—342页。

要、人们因而高度敬重科举,科名与人两者之间长期良性互动之后形成的说法。说科举选拔的多是庸才,实在是颠倒黑白的想当然,根本不顾历史事实。如果那些进士精英在九泉之下知道了这一点,大概都会深感委屈:后人居然会如此否定一个当时对他们那么重要的制度,将自己的观点强加到古人头上。

天与之,人贵之。在传统社会,科名阶层之所以会受到人们的敬重,一方面是由于他们具有较高的社会地位,另一方面则是因为他们多数人确有真才实学,"举人、附生之所以贵于世者,谓其以诗书自致"①,也就是饱读诗书、确有才学方得以科举入仕。科举并非完善的选才制度,却是古代社会相对最公平的制度,经过千百年中的多次改革对比实验,古人无法找到比科举制更合理且可行的选才办法,因此可以说科举考试是传统社会相对最优越的选拔人才方式。

若是将历代赞扬科举的言论全数省略或隐去,将状元或进士举人都说成是无真才实学者,这实在是太对不起大量曾对中华文明作出过贡献的科举精英了,也太对不起我们民族的历史了。世界上大概没有任何国家或民族会将自己文明史上的重要组成部分贬损到如此的地步。

过去,我们既说古代中国社会如何黑暗落后,同时又说中国古代文明如何灿烂辉煌,既说科举制度如何罪恶腐朽,又说

① 〔清〕陈庆镛:《籀经堂集》,北京:商务印书馆,2018,第136页。

韩、柳、欧、苏等文化巨人如何精彩了得。否定科举制的选拔功
能，将与肯定韩、柳、欧、苏等文化巨人产生明显的矛盾。罪恶
的制度能够选拔出政治和文化的巨人吗？难道只有论证科举
的罪恶才能彰显现代人才推举制度的合理吗？我们应该如何
对待民族文化遗产？美国人对自己并不久远的历史向来津津
乐道，中国人对科举历史就一定要否定才行吗？我们不要自我
看轻了历史，看轻了民族的传统。

　　大规模统一考试是会遗漏某些人才，但我们要从总体来看
其功能如何，不能因为个别杰出人才未能考中就否定整个制
度。有些论者说任何时候都会出现人才，没有科举照样可以产
生人才。的确，无论是否有科举，各个时代自有各个时代的人
才，但因为有科举制，出现了大量读书人，以及从事知识传承与
创新的士人，自然会涌现更多的人才。推荐有如相马，考试有
如赛马，只有公平的赛马才有机会让众多的千里马脱颖而出。
"文革"中没有高考，"读书无用论"盛行。对比一下 20 世纪 70
年代中期以前靠推荐上大学与恢复高考后选拔的人才哪个更
多，便容易明白科举制以考促学，更能产生大量的人才。现在，
各地政府和民众出于对本地历史上或家族祖先中优秀人才的
尊重，出于敬重先贤的朴素感情，自然会怀念历史上的进士和
举人，越来越热衷于纪念本地的科举名人，他们才不管对科举
制的批判，不管贬损科举的理论说教，以本地曾产生过众多的
进士和举人为荣，自动自发地保护科举文物、建立纪念进士和

举人出身的先贤的纪念馆或博物馆,江西吉水还建立了中国进士文化园和吉安中国进士博物馆。因为从隋唐到明清,各地著名人物多数都是科举出身者,这是无法改变也无法否认的客观存在和历史事实。

二、"科举考试并不公平"

过去批判科举的一种看法是认为科举考试不公平,因为只是地主阶级中的士族和庶族之间的竞争,所以科举制实际上不公平。这种观点并不符合科举时代的实际。指责科举制不公平的说法具有强调实质性机会平等的倾向,是对古人的苛求。

中国虽然自古以来就是一个讲究等级的国度,但另一方面也是一个注重以考试来进行公平竞争的社会。公平、公正、公开是非常现代的理念,也是大家不断追求的目标。而科举制度早已在实践着这些原则和精神了。"至公"是一个与科举制度密切相关的概念,是贯穿中国科举史的一个理念和原则。隋唐至明清 1300 年间,科举制度往往与"至公"这一理念联系在一起,而且多数时候"至公"一词的使用也与科举相关联。

考试的基本原则是公平客观,因此"考试,犹准绳也"①。

---

① 〔晋〕陈寿:《三国志》卷二七《王昶传》,北京:中华书局,1982,第 749 页。

从隋唐至明清的科举时代,许多人将科举考试看成是一种"至公"的制度。不管科举实际上是否真正做到"至公"(实际上古今中外都不存在绝对的公平),至少科举制的许多制度设计是试图体现"至公"精神的。唐宪宗元和三年(808),白居易在主持制科考试的复试时便说自己"唯秉至公,以为取舍"①。唐宣宗大中元年(847)复试进士敕文也声称"有司考试,只在至公"②。

科举考试"至公"观念到宋代体现得更为充分,特别是试卷普遍采用弥封和誊录法之后,公平性和客观性得到进一步保障。北宋时欧阳修指出科举考试是"无情如造化,至公如权衡"③,也就是说科举考试像度量衡一样公平客观。宋代学者沈括的《梦溪笔谈》记录了实行糊名誊录后的两则趣事。宋仁宗时,有个国子监的学生叫郑獬,很有才气,但十分高傲。国子监选送考生时,把他排在第五,他觉得自己的名次太靠后了,满腹怨言。按当时的规矩,选送结果公布后,被选中的学生要向国子监的主管官员写感谢信。郑獬在写给主管官员的信中大发牢骚,说自己像汉代飞将军李广那样天下无双,有像唐代杜牧《阿房宫赋》那样的文章,却只得了个第五。他还把国子监的

---

① 《白居易全集》,珠海:珠海出版社,1996,第959页。
② 〔后晋〕刘昫等:《旧唐书》卷一八下《宣宗纪》,北京:中华书局,1975年,第617页。
③ 《宋本欧阳文忠公集》,北京:国家图书馆出版社,2019,第65页。

主管官员比作劣等的驽马、挡路的顽石,而将自己比作千里马、巨鳌,他说:"骐骥已老,甘驽马以先之;巨鳌不灵,因顽石之在上。"就是说,千里马老了,只能让驽马在前面;巨鳌不能前进,是因为有顽石挡路。这位主管官员看了,暴跳如雷,恨得咬牙切齿。郑獬通过会试后参加殿试,考官恰恰就是这个国子监的主管官员。这可是个报仇雪恨的好机会,考官发誓一定要让他落榜,因此在卷子中翻来翻去,找到一份文笔看来极像郑獬的卷子,心中暗暗高兴,立刻将这份试卷淘汰掉。等阅卷完毕,一拆封,刷掉的试卷根本不是郑獬的,郑獬倒是得了第一名。如果不是有弥封、誊录,浑身傲气的郑獬肯定要遭殃。

还有一件更富有戏剧性的事与苏轼有关。宋神宗时,苏轼曾主持礼部考试。有个叫李廌的考生很有才华,苏轼也非常赏识他,想要让他考中。在参加考试之前,苏轼特地写了一篇题为《扬雄优于刘向论》的文章送给李廌,作为参考的范文。苏轼把文章装好以后,请李廌的朋友送去。李廌正好有事外出,他的这个朋友就把送来的东西放在桌子上走了。不一会,章惇的儿子章持、章援来到李家,看见苏轼的文章,喜出望外,不动声色地拿走了,回去后反复研读。李廌回来以后不见苏轼的文章,也无可奈何。考试的时候,题目发下来,果然与苏轼所写的文章十分类似。胸有成竹的章持、章援模仿苏轼的文章尽情发挥。而李廌因丢了苏轼的文章,心情极度烦躁,仓促下笔,文章作得很不理想。

　　阅卷时,苏轼发现一份卷子跟他送给李廌的文章差不多,高兴地对同考官(副主考官)黄庭坚说,这一定是李廌的试卷。拿起笔在卷面上批了几十个字的赞扬性评语,并当场录取为第一名。可不久他又发现了一份与自己文章相似的试卷,苏轼心中十分疑惑,但不管怎样总是好文章,于是录取为第十名。没想到将试卷拆开一看,第一名是章援,第十名是章持,而李廌则名落孙山。李廌是乳母养大的,为了供他读书,乳母吃尽了千辛万苦。七十多岁的乳母听说李廌落第,大哭不止,说我的儿子遇到苏学士主持考试都不能入选,以后还有什么希望? 于是紧闭屋门,自缢而死。李廌从此也再没有参加科举考试。李廌也因此成为"苏门六君子"(黄庭坚、秦观、晁补之、张耒、陈师道和李廌)中唯一没有科举出身的人。苏轼也为李廌的落榜懊丧万分,而且十分惭愧地说:"余与李廌方叔相知久矣,领贡举事,而李不得第,愧甚。"还作了一首诗送之:"与君相从非一日,笔势翩翩疑可识。平生漫说古战场,过眼终迷日五色。"郑獬的得意和李廌的失意都与弥封誊录有关,这也可以看出弥封誊录制度在防止考官、考生徇私舞弊这一点上起到了相当大的作用。

　　元明清时期,各省贡院的中心位置都有一座名为"至公堂"的主体建筑,它将"至公"理念直观地呈现出来,使科举为至公之制的理念广为人知,是科举考试公平性的具体象征。在明代,科举已被人们视为天下最公平的一种制度,以至于有"科举,天下之公……科举而私,何事为公"①之说。因此,虽然中国自古以来就是一个讲究等级的国度,但另一方面也是一个注重以考试来进行公平竞争的社会。

明代曾有人指出,实行科举制主要是出于公平的考虑,实行其他选拔人才的办法,无法核实真伪,弊端比科举更大,因此实行只看文章才学不看德行表现的科举制是不得已的办法,即"国家设科举为登晋贤良之路,然非得已"②。清代多数学者也肯定科举考试的公平性,如魏源认为科举制不以贵贱取人,比世袭制和九品中正制进步,他说:"三代用人,世族之弊,贵以袭贵,贱以袭贱,与封建并起于上古,皆不公之大者。虽古人教育有道,其公卿胄子多通六艺,岂能世世皆贤于草野之人?……秦、汉以后,公族虽更而世族尚不全革,九品中正之弊,至于上品无寒门,下品无世族。……至宋、明而始尽变其辙焉,虽所以教之未尽其道,而其用人之制,则三代私而后世公也。"③

清代康熙以后实行"官卷"制度,即在乡试和会试中,为现任中高层官员的子孙、同胞兄弟、同胞兄弟之子的试卷另外编上"官"字号,并给出一定名额,通常是二十名中取一名,单独录取。这比起一般的"民"卷举子六十取一或八十取一,甚至后来

---

① 〔明〕张萱:《西园闻见录》(五),台北:明文书局,1991,第 308 页。
② 徐三重:《采芹录》,见《四库提要著录丛书》子部第 170 册,北京:北京出版社,2010,第 368 页。
③《魏源集》(上),北京:中华书局,2018,第 64—65 页。

百里挑一,录取机会大很多,所以过去有不少人将此作为批判科举不公平的例证。然而,中高层官员的子弟和亲族不仅家境优渥、享有很好的教育条件,而且文化和社会资本雄厚,与平民百姓子弟一体录取有很大的优势,所以之前的录取率往往远高于后来官卷的录取比例。将官卷和民卷分开录取,出发点是让官员子弟们都在官卷内竞争和择优录取,不过多挤占平民子弟的录取机会,实际上是维护平民考生的合法权益,这是统治阶层的自我约束。即使是现在,也没有一个国家在重要的人才选拔或其他竞争中专门定出特定比例来限制官员子弟或优势阶层子弟过高的录取率,对此我们怎么能说科举制不公平呢?

　　发还落卷制度也是科举制公平性的重要体现。清代规定乡试或会试落第举子的试卷要发还其本人,《钦定科场条例》卷四六《闱墨》中关于落第举子查看试卷,在"发领落卷"条的"现行事例"中规定:"乡会试落卷,查填士子姓名,由各承包科场衙门出示晓谕,令其持原给卷票为凭,领回阅看。"而"案例"则列出康熙十八年、乾隆四十八年、道光二十三年几个相关规定。当时乡试和会试不录取的试卷,考官必须写上不录取的批语和理由,并由举子领回阅看,目的是让落第举子心服口服,同时作为举子回乡后向当地政府证明确有参加乡试或会试以领取报销路费的凭证,这条规定在清代大部分时间里是照章实施了。如此讲求公平,对考生如此负责,即使是在今天也没有任何一种大规模选拔性考试能够做到。不管实际存在多少问题,至少制度规定方面,清代科举对公平的追求已经接近极致。

大概是因为科举时代人们都说科举考试很公平,现代认为科举制很坏的人总要找出科举制实质上的不公平之处来加以批判。科举确实无法达到实质上的公平或绝对的公平,但我们还能举出古代社会任何其他比科举更公平的制度吗? 有比较才有鉴别,科举无疑是古代社会相对最公平的取士制度。正如有的论者所说:"科举考试所创设的公平竞争机制及其彰显的平等精神,是华夏民族智慧的结晶,也是科举文化的精华所在。"①科举时代绝大多数人都认为科举考试是当时最公平的制度,今人也无法举出古代有什么制度比科举制更公平,那么还有什么理由硬要说科举制不公平呢?

三、"科举导致官场腐败"

将清末官场腐败归罪于科举可以说是本末倒置,倒因为果。是时代变迁、社会衰败、官场黑暗才导致科举走向穷途末路,而不是实行科举制度导致官场腐败。

澄清吏治是科举选官功能的另一方面,"非科举者毋得与

---

① 张亚群:《科举学的文化视角》,《厦门大学学报(哲学社会科学版)》2002 年第6 期。

官"的规定使官员的文化素质得到保证。考试取士是从制度上防止用人方面的腐败,如果没有科举这一道关口,清末官场不知会更腐败多少倍。晚清吏治腐败的部分原因恰恰是考试选官制度受到了削弱。由于允许捐官以及其他吏道盛行,不少举人和进士很难入仕,甚至有进士出身后二三十年待选的情况。官途多让其他人挤占之后,那些文化素养较高的科第中人反而长年待选守缺,而通过捐纳等途径入仕者往往不如科甲正途入仕者清正廉洁,这是清末官场腐败的原因之一。柏杨在《丑陋的中国人》中也说科举造就了中国的官场。实际上隋唐以前没有科举的时候早已有官场,清末废科举以后照样有官场,而且官场的裙带之风和植党营私情况更严重。

中国古代的贪污腐败问题与选官制度有着极为紧密的联系。有学者指出,回顾古代中国的廉政状况,不难发现,在有科举制度以前的秦汉魏晋南北朝以及元朝的贵族政治时期,世家大族利用其世袭的特权,贪赃枉法、腐败之风延及社会生活的各个方面,那是中国古代最腐败的时期。科举制度的建立和完善,较为彻底地消除了选官方面的世袭特权,对古代社会的廉政建设起到了一定的作用。[1] 中国古代重视监察机构,但若没有科举制的配套,所起的作用十分有限。元朝的监察制度从形式上和表面来看,还远比宋朝的健全,但由于长时间没有科举

[1] 屈超立:《科举制的廉政效应》,《政法论坛》2001 年第 5 期。

制度的配套,它的吏治实在是糟糕得透顶。在科举考试作为主要的选拔官员途径的时代,监察制度才能真正地发挥其应有的政治功能。①

史载金朝世宗皇帝认为进士为可用之材:"起身刀笔者,虽才力可用,其廉介之节,终不及进士。"并说:"夫儒者操行清洁,非礼不行。以吏出身者,自幼为吏,习其贪墨。至于为官,习性不能迁改。政道兴废,实由于此。"②金世宗在比较鉴别之后说出的这番话,较有代表性地道出了进士出身者心术较正、普遍较清正廉洁的实情。而元仁宗"深厌吏弊作。及其即位,乃出独断,设进士科以取士"③。元代统治者在多年争论之后恢复科举,主要原因之一也是为了矫正吏治的腐败。

科举入仕者由于长期受儒家"尊德性、道问学"教育的熏陶,一般而言比通过捐纳、保举或恩荫、胥吏之途入仕者更为廉洁正直,也较注重学问品行并重。清末中过秀才的齐如山在《中国的科名》一书中曾指出:"凡科甲出身者,总是正人君子较多,这有两种原因,一因科甲出身者,都读过经书,书中有好的道理,读的多了,自然要受其感化。二是从前考试办法很公正,贡院大堂匾额上写'至公堂'三字,确有道理,固然不能说没有

---

① 屈超立:《科举制度与监察机制的关系论述》,《中央政法管理干部学院学报》2001年第2期。

② 〔元〕脱脱等:《金史》卷八《世宗本纪》下,北京:中华书局,1975,第195、185页。

③ 〔元〕苏天爵:《滋溪文稿》,北京:中华书局,1997,第135页。

毛病,但确不容易。"①

科举出身的官员不是靠关系,不是靠血统,不是靠溜须拍马,不是靠跑官买官爬上高位,而是通过自身十年寒窗刻苦学习,不畏激烈的竞争,靠自己的才学,经过层层考试脱颖而出,走上仕途,为政一方,取得政绩,因而能够赢得人们的尊重。这与通过托关系走后门、通过行贿进入仕途的人很不一样,因为他们不需要刻意报答恩公,也没有因求偿心理导致必须依靠卖官等寻租行为来获得经济回报。作为"天子门生",他们要报效的是皇帝及其代表的国家社稷,因此更会效忠君王和国家社稷,而廉洁奉公是基本的为官之道,自然比较不容易出现腐败情况。

在人情社会中,如果没有刚性制度的把关,往往出现人情的泛滥,出现腐败现象。早在东晋时期,葛洪就在《抱朴子》外篇《审举篇》中提出了"急贡举之法"的改革建议,并一再强调实行考试的重要性,认为考试选才可以杜绝"人事因缘"和"属托之冀"。防止人为因素的干扰和请托关系,防止腐败,历来是人才选拔和国家治理中必须面对的挑战。

民国刚建立,孙中山就在临时政府有关参议院议决"文官考试令"的咨文中指出:"任官授职,必赖贤能;尚公去私,厥惟

---

① 齐如山:《中国的科名》,《齐如山全集》第 9 册,台北:联经出版事业公司,1979,第 5124 页。

考试。"①孙中山深知只有通过考试选拔官员才能保证公平,防止任用私人,官场腐败。同样,如果现在没有高考和公务员考试,升学和进入政府便可能出现恶性竞争,出现混乱情况。

而自从北宋普遍采用糊名誊录制度之后,考官完全无法辨认考生的试卷,使科举取士真正走向公平客观。"一切以程文定去留",即只看考场上的科举试卷体现出来的才学水平,排除人际关系的干扰。为了保证科举制顺利地实行,古人曾经制定过一系列科举法令和条规。清代的《钦定科场条例》更是古往今来最详细、最严密的考试法规,对科举制的方方面面都作了非常详尽的规定,其细密严谨程度世所罕见,其中对防止舞弊的规定可以说是密不透风、滴水不漏。

如《清会典》卷三二《礼部·贡院》对报考资格便有严格的规定:"童生考试有冒籍、顶替、倩代、匿丧、假捏姓名、身遭刑犯,及出身不正,如门子、长随、番役、小马、皂隶、马快、步快、禁卒、仵作、弓兵之子孙,倡优、奴隶、乐户、丐户、胥户、吹手,凡不应应试者混入,认保、派保、互结之童,互相觉察。容隐者五人连坐,廪保黜革治罪。"又如,乡、会试回避制度也非常严格,以避免徇私舞弊。《钦定礼部则例》卷八九《乡会试回避》规定:"乡、会试入场官员之子弟及同族,除支分派远散居各省各府籍

---

① 孙中山:《咨参议院议决文官考试令等草案文》,《临时政府公报》第 24 号,1912 年 2 月 28 日。

贯迥异者毋庸回避外，其余虽分居外省外府在五服以内，及服制虽远聚族一处之各本族，并外祖父翁婿甥舅、妻之嫡兄弟、妻之姊妹夫、妻之胞侄、嫡姊妹之夫、嫡姑之夫、嫡姑之子、舅之子、母姨之子、女之子、妻之祖孙、女之夫、本身儿女、姻亲，皆令回避，不得与试。"这里的入场官员主要包括乡会试的内帘主考官、同考官、内监试、内掌收和外帘知贡举、提调、监试、外收掌、受卷、弥封、誉录、对读、供给等考务官员。这些官员都应自行开出应回避考生的姓名，由主要考官核实以后进行公布，点名时扣除有关考生的姓名。清代科举回避制度涉及面广、制度严密前所未有，这些严密的防止舞弊措施，可以在官员的选任环节杜绝或至少是大大减少腐败现象。

现代人之所以会将清末官场腐败归罪于科举，是因为在废科举后的相当长时期内，人们习惯于对科举采取"有罪推定"的套路。"有罪推定"是指刑事司法程序中以有罪为预设前提去寻找被告人有罪的证据，这很容易导致冤狱产生。科举制虽然在清末被废止，但我们不能因此而对其采用"有罪推定"的办法，并以论带史，想方设法去寻找科举史上值得批判的东西，甚至将莫须有的罪名强加到科举头上。科举并非万恶之源，晚清官场腐败是多种原因造成的，不能将官场腐败简单地归因到科举制的头上。科举制采用严密的考试选拔规制，至少可以在官场入口处防止徇私舞弊。

四、"科举造成官本位体制"

说科举造成官本位体制实际上又是一种错觉。官本位、学而优则仕的体制并非科举造成,科举只是使学而优则仕制度化、入仕竞争规范化而已。

官本位,即以能否为官、官职大小确定社会地位的衡量标准,把所有职务职称及个体身份、地位都对应于或折合成一定级别的官阶,并以官阶定尊卑、高低,而不以真才实学、对社会的实际贡献来衡量个体的价值,是一种以所拥有权力的大小作为核心的价值尺度来衡量一个人的社会地位和人生价值的等级制和相应的官至上观念。① 中国历代实行中央集权体制,从郡县、府州、省区到中央,官员呈金字塔结构,垂直任命官员的管理体制、官员掌管许多权力并拥有各种政治经济利益,这种种情况导致出现官本位体制。

科举制造成的"万般皆下品,惟有读书高",与官本位崇尚的"万般皆下品,惟有做官高"有所不同。科举制是以才学为本,官本位是以官位为本,两者有一定关系,但不是因果关系。

---

① 胡元梓:《中国民众何以偏好信访——以冲突解决理论为视角》,《华中师范大学学报(人文社会科学版)》2011 年第 2 期。

科举确实将天下士人的聪明才智都吸引到读书做官一条道上去了。《荀子·大略》说:"学者非必为仕,而仕者必如学。"这是战国时期荀子的看法。而实行科举制的时代,求学而不为入仕的人少之又少。科举为广大读书人提供了上升的机会,使学而优则仕大行其道。但我们应该分清楚,这并不等于说科举造成了官本位。说到底,科举制本身就是中国传统文化的产物,因为在科举制产生之前,中国已经是一个贵义贱利、重道轻器的国家了,治术重于技术是儒学社会的一贯传统。魏晋南北朝时期,察举考试相当衰弱,但当时中国社会已经是等级森严、品阶齐全,九品正从十八级品级官职体系已经形成,官本位已经出现。因此官本位并非科举制造成,我们至多只能说科举强化了官本位。

在清末,人们在分析中国积贫积弱、落后挨打的原因时,科举制成了出气筒,似乎一切都是科举的错。清朝灭亡后,科举制便沦为帝制时代的陪葬品,经常成为人们批判君主专制制度的"替罪羊"。在很多情况下,科举制实际上是替帝制时代担责受过。过去有"清末割地赔款应归罪于科举""科举导致中国落后",后来又有"科举造成官本位"等说法,似乎一切都是科举惹的祸。但是科举制同样促进了北宋中叶和康乾盛世的出现,因此不宜笼统地指责科举制造成了中国的落后。清末中国的落后是文明的不同与落差,当时无论是技术还是学术方面,中国与西方已有相当大差距。在清末内忧外患的时代背景中,在科举制度走投无路的情况下,废止科举是历史的必然。但是,不能因为科举制被废了就将其说得一无是处,就将各种罪责都归结到科举制的头上。当对中国的官场腐败、科技落后、割地赔款无法找出更好的解释的时候,归罪于科举制是一种常见的思路,却是一种简单化的做法。①

长期以来,在认定科举很坏的前提下,批判科举已成为一种固定模式或"思想时尚",代表一种"政治正确"。但这类对科举的批判大多类似于一种单边论证,往往是只说出自己的"正确意见",而没有从系统和整体的角度考虑问题的意识,也相对缺乏比较的意识。走出清末废科举时彻底否定的思维定式,实事求是地研究分析,就会明白关于科举的许多误解确实需要拨乱反正。

五、"科举考试内容脱离实际"

指责科举制弊端的一个方面是说"科举考试内容脱离实际"。科举是笔试,无论考什么内容,都不是考察实践能力。特别是八股文,是一种标准化的考试文体,一般与现实不相关。但很多人到现在还以为明清科举只考八股文,因此留下了科举

---

① 参阅刘海峰《终结盲目批判科举的时代》,《东南学术》2005 年第 4 期。

考试完全脱离实际的印象。

其实,科举考试内容繁多,即使是明清科举,八股文也只是多种考试内容的一部分或者一科,只是其重要性有点像我们当代高考或研究生考试中的英语,往往起着决定性作用罢了。但明清两代科举也要考三场,除头场考八股文以外,第二场考论、判、诏、表等当时政府的应用文,第三场考经史时务策,只通八股文而不懂其他知识,也是无法考上的。

明清时期科举考试内容中脱离实际的只是八股文,并不是整个科举考试脱离实际。在 1300 年的中国科举史上,不管哪个朝代,策问都是重要的考试题型,都有与社会实际密切相关的内容。策问的内容非常丰富,举凡政治、经济、军事、法律、文化、教育、天文、地理、民族等各种与国计民生相关的大事或经史典籍中的问题,都可以作为策问题目,统治者也往往通过举子的对策来了解民情、征询解决问题的对策。同时,策试这种形式可以考察应试者的德、识、才、学以及对"时务"也就是现实问题的见解。特别是时务策,主要是关于兵、刑、钱、谷等与现实有关的时务主题。

唐代进士科主要试诗赋,但策问也非常重要。以著名教育家韩愈为例,《韩昌黎文集》卷二中,录有《进士策问》13 篇。韩愈一生从未主持过省试,这些策问应当是其几次任州刺史时主持解试时所拟。其中第 10 道策问为:

> 问：人之仰而生者谷帛，谷帛丰，无饥寒之患，然后可以行之于仁义之途，措之于安平之地，此愚智所同识也。今天下谷愈多，而帛愈贱，人愈困者，何也？耕者不多而谷有余，蚕者不多而帛有余。有余宜足，而反不足，此其故又何也？将以救之，其说如何？

这道策问提出了一个看似矛盾的问题，即按道理谷帛愈丰产，社会就会愈富饶，但中唐时实际上出现了"谷愈多，而帛愈贱，人愈困"和"有余宜足，而反不足"的情况，于是要求应试者提出解救之办法。这是一道典型的辨析题，属于考察思辨和分析能力的好题。又，韩愈的第 12 道策问为：

> 问：古之学者必有师，所以通其业，成就其道德者也。由汉氏已来，师道日微，然犹时有授经传业者。及于今，则无闻矣。德行若颜回，言语若子贡，政事若子路，文学若子游，犹且有师，非独如此，虽孔子亦有师，问礼于老聃，问乐于苌弘是也。今之人不及孔子、颜回远矣，而且无师，然其不闻有业不通而道德不成者，何也？

熟悉韩愈文章的人一看就知道，这道策问与韩愈著名的《师说》的主旨十分相似。《师说》中有："古之学者必有师。师者，所以传道受业解惑也。……嗟乎！师道之不传也久矣，欲人之无惑也难矣。古之圣人，其出人也远矣，犹且从师而问焉；今之众人，其下圣人也亦远矣，而耻学于师。……圣人无常师，孔子师郯子、苌弘、师襄、老聃。"①这说明,主考官往往可能将自己平时思考的问题作为策问题目。实际上今天许多考官也喜欢用自己平时思考的问题来制作试题,这样既在评阅答卷时较有把握,也可能在阅卷时获得某些启发。

命题往往体现考官个人的喜好,并与其平时思考的问题相关,制作策问的官员也可以借机宣扬自己的政治理念。宋代的殿试策与政局密切相关,有用以宣告政策取向者,有用以遂行党同伐异者,有用以行政治号召者,有用以巩固权力中心者。策问的考试形态,较便于在应试者条陈利害之际,察觉其政治立场,故当殿试评比之际,各派人马"党同伐异"的情形,往往与同时期之政争互为表里。②

明清时期的科场时务策往往与当时形势及社会实际密切相关。例如,清代道光十九年(1839)刊刻的《时策精拟》所录时务策题为"钦察臣工、名臣言行、票行淮盐、缉私祛弊、训练营伍、弥盗安良、江南水利、漕艘利弊、仓储源流、字典考辨、茶法权取、洋钱交易"等,都是与国计民生相关的内容。而道光二十年"恩科桂月"(1840年9月)刊刻的《时策咸宜》,所录的时务策题则为"历代星纪、大祀雩坛、训练水兵、防边堵御、沿海卫备、外番考据、诸国情形、舆图险要、戍卒屯田、外洋通商"十个

---

① 《韩昌黎文集校注》,上海:古典文学出版社,1957,第24—25页。
② 参阅甯慧如《宋代贡举殿试策与政局》,台湾《中国历史学会史学集刊》第28期,1996。

方面；同一时间刊刻的《新策琼林》，所录的时务策题则为"七省海郡、江浙源流、外洋备考、舟师御敌、团练乡勇、火功制度、海道罗针、平海综要"八个方面。这便反映了鸦片战争爆发后，当时国家面临的海战、海防方面的重要问题和急需了解的知识。

光绪甲午(1894)夏日，上海书局出版了《中外时务海防策论》一书，卷首还列有《明胡宗宪平倭海防图论》。该书序言说："咸同以来，通商口岸轮舶纵横，朝廷咸思有以制之，爰命大臣专设海军，广造战舰，精备枪炮，咨访士子，而皇华使者，欲采群论，每以此命题。士人非谙识夷务，胸有成策，鲜能措辞不紊。"可见不仅甲午战争爆发当年策试特别重视海防，之前一段时期也是如此。从历代策试内容来看，其可以纠正长期以来许多人对科举制的一个误解，即以为科举考试脱离社会实际。

到 1901 年废止八股文后，清末最后几科考试内容已脱离了八股取士的格局，改为讲求经世致用，许多策问更是直接以西学为内容。1904 年末科会试第二场考各国政治、艺学策五道，也都是关于当时内政外交的重要问题，如其中之一为有关设立近代学堂的策问：

> 学堂之设，其旨有三，所以陶铸国民，造就人才，振兴实业。国民不能自立，必立学以教之，使皆有善良之德、忠爱之心、自养之技能、必需之知识，盖东西各国所同，日本则尤注重尚武之精神，此陶铸国民之教育也。讲求政治、

法律、理财、外交诸专门，以备任使，此造就人才之教育也。分设农、工、商、矿诸学，以期富国利民，此振兴实业之教育也。三者孰为最急策。①

这道策问题典型地反映了当时颁布《奏定学堂章程》的时代背景，而且命题者的用意侧重考察答题者的分析和思辨能力，看其是否能够自圆其说，同时还可以征求政策建议。从当时的试卷来看，考中者都对教育问题相当熟悉，有的甚至能够借题发挥，在答卷中对中国教育状况提出批评和改进建议。考官对章锐答卷的推荐批语写道：

> 第二场首篇。于国民教育之宜急，与大学专科实业学校不得不从缓之故，能抉其所以然，其论推广国民教育之普及及其课程学制，万缕千经，了如指掌，知作者热心教育，研求有素矣。以下四作，于古今中外情形，洞若观火，故所言皆切中情事，平实可行，非刺取浮词支撑门面者可比。②

最后一科会试其他四题为：

> 泰西外交政策往往借保全土地之名而收利益之实。盍缕举近百年来历史以证明其事策。

---

① 佚名：《光绪甲辰恩科会试闱墨》，上海：焕文书局，1904，"策"第2—3页。
② 顾廷龙主编：《清代朱卷集成》第91册，台北：成文出版社，1992，第222页。

日本变法之初,聘用西人而国以日强,埃及用外国人至千余员,遂至失财政裁判之权而国以不振。试详言其得失利弊策。

周礼言农政最详,诸子有农家之学。近时各国研究农务,多以人事转移气候,其要曰土地,曰资本,曰劳力,而能善用此三者,实资智识。方今修明学制,列为专科,冀存要术之遗。试陈教农之策。

美国禁止华工,久成苛例,今届十年期满,亟宜援引公法,驳正原约,以期保护侨民策。①

如果不说这是最后一科会试的试题,不知道的人可能以为是民国时期大学中的法学试题呢。在一些视科举为恶制的人看来,这怎么会是科举的试题呢? 没错,科举确实也可以这样考试的。而且中式试卷往往能联系中国实际,提出自己的见解,有的答卷便对当时中国的铁路交通受制于他国、侨民不受保护等状况忧心如焚,痛陈建议。考官评卷也与过去不同,注重考察应试者对新学的了解和运用。因此,从清末最后两次科举考试的内容来考察,20 世纪初科举制已向近代文官考试制度转型。

---

① 佚名:《甲辰恩科会试闱墨》,潍阳:实雅书局,1904,第 13—18 页。

六、"科举造成中国科技落后"

长期以来,在分析中国作为唐宋时期国力和文化鼎盛的强大帝国,到明清以后却全面落后于欧洲的原因时,大家一般归因于科技落后,而将主要矛头对准科举是一种很流行的说法。2005 年,笔者在《为科举制平反》一文中,已经对此评价误区作过辨析。但仍然有些论者持此观点,较近的例子如 2007 年,林毅夫先生发表了《李约瑟之谜、韦伯疑问和中国的奇迹——自宋以来的长期经济发展》一文,认为科学革命没有在中国发生,原因不在于恶劣的政治环境抑制了中国知识分子的创造力,而在于中国的科举制度所提供的特殊激励机制,使得有天赋、充满好奇心的天才无心学习数学和可控实验等对科学革命来讲至关重要的人力资本(蕴含于人身上的生产知识、劳动与管理技能等)。因而,对自然现象的发现仅停留在依靠偶然观察的原始科学的阶段,不能质变为依靠数学和控制实验的现代科学。"工业革命以前,中国由于人口众多,在以经验为基础的技术发明方式方面占有优势,这是其经济长期领先于西方的主要原因。之后,由于科举制度的阻碍而未能及时实现向以科学与实验为基础的发明方式的转变,中国和西方的技术、经济差距迅速扩大。"①由于该文影响较大,现在又有不少人跟着以为宋以后中国科技和经济落后的根源是实行科举制。

指责科举导致中国科技落后的说法,潜藏着这么一种观点,即如果没有科举制,中国也会发明近代科技,应该也会在18世纪以后走上工业化道路,可以永远保持全球领先地位。实际上这只是一种善良的愿望,一种不可能实现的空想。从世界文明史来看,所有大国都有兴衰起伏的历史,无论是科技还是综合国力,没有什么国家在世界上可以一两千年一直领先,或者永远领先。

中国古代的科技曾经领先于世界各国,明清以后科技落后于西方,其中原因十分复杂,不能主要怪罪于科举。唐宋两代重视科举,尤其是宋代,科举地位崇高,是1300年中国科举史上最为重视科举的时期之一,然而当时中国科技远远领先于西方。如果仅考察唐宋六百多年间的历史,我们是否可以得出结论说当时科技发达是受科举制的推动呢? 显然不能。同样,对明代以后科技落后于西方也不能简单归因于科举,中国科技在明代以后落后于西方的深层原因还是在于中国传统文化和思维方式,在于文化和文明的差异。

古代中国历来重治术轻技术,人文学科高度发达,自然科

---

① 林毅夫:《李约瑟之谜、韦伯疑问和中国的奇迹——自宋以来的长期经济发展》,《北京大学学报(哲学社会科学版)》2007年第4期。

学地位低下。唐代科举系统中曾设有明算科,但只是六个常科中录取人数最少、地位最低的科目,且至宋代以后就消亡了。清末受西洋坚船利炮的震撼,曾开设算学科,然而所取人数极少。古代多数中国人的思想观念中根本就不重视自然科学。

　　传统的东西方文明,实际上在思维方面存在明显差异。中国人的思维方式侧重宏观而相对忽视微观,擅长辩证而相对拙于实证。马克斯·韦伯说:"西方的自然科学及其数学基础是一种复合物,半是在古希腊哲学的基础上发展起来的理性的思维方式,半是在文艺复兴的基础上发展起来的技术试验,后者包含一切自然主义学科的特别现代化的成分。"[①]古代中国跟西方基本上是两种不同的文明体系,在 16 世纪以前也很少交往,两种文明体系的思维方式的差别也很大。如果没有西方文明的传入,中国和一些东方国家的科技和社会也可能再过几百年还是传统的东方模式,可能过很久也不见得会发明蒸汽机、发现万有引力。因为看到苹果掉下来的人,不止牛顿一个,相信古代中国也有成千上万的看见苹果或其他果实掉下来的人,但人们并不会想到万有引力。看到稀饭熟了溢出来,开水煮沸了在冒气,你会不会想到它有什么原理? 或许东方人几百年、一千年都不一定会想到发明蒸汽机,更不见得在 18、19 世纪就

---

① [德]马克斯·韦伯:《儒教与道教》,王容芬译,北京:商务印书馆,1995,第201 页。

发现这点。

这就像古代中国绘画从来就没有焦点透视概念一样。许多中国画家肯定看到过物体近大远小的现象,可是在西洋绘画传入以前,大家都熟视无睹,只以浓淡不同来表现山川的远近,就是没有一个人将房屋等建筑用明暗对比、近大远小的透视原理画出来。中国古代用界尺引线的界画中的建筑,都是近处有多大,远处也一样大,都是长方形的,没有类似西方的焦点透视概念,最多用多点透视来绘画,应该说这就与中国人的思维方式和习惯有关。

统治人的治术高于手工业的技术是中国古代社会的一贯传统。即使没有科举,中国古代士人也不见得会将主要心思用到科技方面去。例如元代初期有相当长时期未实行科举制,"科举学废,人人得纵意无所累"①,但当时一般知识分子脱离了科举的轨道之后,多将心思用于诗歌创作、书法绘画等方面,并不会将精力转移到科技方面去。因此,明清以后中国科技落后于西方,科举制或许应该承担部分罪责,但不应该承担主要罪责。

日本在 8 至 9 世纪曾模仿唐朝实行科举制度,而到 10 世纪以后科举制便逐渐消亡了,但在 19 世纪中叶以前,日本的科技也并没有比中国更发达,更不用说领先于西方了。印度等其

---

① 戴表元:《剡源集》卷八《陈无逸诗序》,北京:中华书局,1985,第 122 页。

他文明古国也不能一直繁荣昌盛。如果没有科举制,中国就能在 16 世纪以后一直领先于世界各国吗? 说中国在后来科技没领先于世界各国是因为有科举,这是一种简单化的想法,如果要归罪于科举制,最多也只是次要原因。

当然,中国的科举考试中也不是全然没有自然科学因素。美国学者艾尔曼(Benjamin A. Elman)在对明代科举文献作过仔细研究后指出,科举确实考查了应试者的天文、历法及自然界其他方面等今天称为"自然之学"的知识。在明代的乡试和会试中,应考者对天文、音乐和历法等有关技术事物亦需有相当的了解。例如,明初的永乐皇帝便曾力图使历法和实学接近官方学术的顶峰地位,他命 1404 年会试主考解缙出题时考察应试者的"博学",结果策问题目包含天文、法律、医学、礼乐的典章制度等。更重要的是,与天文、历法及其他自然科学有关的策问题目,以后还经常出现在有明一代的科举考试中。只是到清代以后,策问中有关自然科学方面的内容又变得很少了。① 艾尔曼的研究有助于平衡对明清时期"自然之学"的文化地位的片面看法。

不过,总体而言,科举对自然科学并不重视。只是我们不必过多去责怪科举制没有注重考自然科学,这不是科举制度的

---

① 〔美〕艾尔曼:《晚明儒学策问中的"自然之学"》,雷颐译,《中国文化》1996 年第 1 期。

过错,根源并不在考试制度,而是中国传统文化的问题。指责科举时代基本上不考自然科学方面的内容,就像指责"文革"前的高考注重考俄语和联共(布)党史、基本上不考英语,适用性太窄,和 20 世纪 80 年代以前的高校不教计算机一样,是打错了靶子。脱离了当时的时代背景,去责备一个考试制度,是对历史的苛求。考试的科目与内容是根据时代和社会的需要而设立的,例如 50 年代中国与苏联关系密切,于是大学便有许多人学习俄语,也有不少人参加俄语考试。在改革开放前,中国很少与西方国家往来,多数人也没有认识到英语的实用性——而且英语的重要性在当时的世界也远不如现在。在这种情况下,很难设想普通高考会设立专门的英语科目。再如,假设将来有一天高校招生普遍要考计算机水平了,我们能就此指责 21 世纪初以前的高考没考计算机是落后吗? 说到底,考试科目与内容是人们观念的产物,也是社会环境的产物。如果将科技落后简单归罪于科举制,就会遮蔽人们的眼光,忽视造成中国科技落后的真正原因。

在传统社会中,教育和考试以人文知识为主要内容,西方的中世纪大学和东亚的书院、科举皆然。只有到文艺复兴,特别是工业革命之后,教育的内容才逐渐转移到自然科学方面来,注重自然科学的内容,即所谓实科,是工业文明时代教育的重要特征。在 19 世纪末 20 世纪初,伴随着坚船利炮强劲东来的西学代表的是先进的工业文明,已十分强调科技的重要性。

而当时的中国还处于农业文明的时代,科举考试内容基本上还停留在古代的古典人文知识,自然逃脱不了被停废的命运。美国历史学家威尔·杜兰(Will Durant)便指出:"当这个制度以及由这个制度而带起的整个文化,被那无情的进化和历史破坏推翻时,这实在是一件最大的不幸。"①

以上所辨,只是举例言之。此外,还有不少一直流行的说法,如"科举造成中国教育的衰败""书院具有反科举的特点"等等,也都是似是而非的误解。限于篇幅,于此不再详辨。

---

① [美]威尔·杜兰:《世界文明史》第 1 卷(4)《中国与远东》,台北:幼狮文化出版社,1978,第 199 页。

第三章

为科举正名

光緒二十八年補行庚子辛丑恩正科江南鄉試

題目

第貳場

策五道

中外刑律互有異同問今自各口通商日繁交涉應如
何參酌損益妥定章程令收回治外法權策

證明公法他國能否干預內政之例以憚邦交而
維國權策

各國政同金幣始於何時金僧日增其欵安在主
之者何人若中國償款用金虧損甚鉅擬酌籌
抵制之方策

農商之學泰西謀水極精其見諸著述者不少江
南地大物博易於推行何者當擇尤仿辨策

歐洲格致多源出中國宜精研絶學以為富強之
基策

光绪二十八年补行庚子辛丑恩正科江南乡试第二场题目

由于科举制的利弊均十分显著,对科举的评价向来是见仁见智,这本不足为奇。只是以往人们对科举制存在着太多的误解和偏见,出现各种以讹传讹、似是而非的流行说法,需要拨乱反正。本章继续辨析以往科举评价的另外六个误区,为科举正名。①

一、科举不属于专制体制

过去,许多人都谈到科举制对君主专制制度的支撑作用。对"为科举制平反"有所怀疑的论者,经常说的一个观点,便是科举制有利于巩固封建统治秩序,有的人甚至直接称科举制为"科举专制制度",所以罪大恶极,不应为之平反。其实,这又是对科举的一个误解,而且可能是最严重的一个误解。

这种论点背后实际上潜藏着一种对中国历史的假设或思

---

① 参阅刘海峰《为科举正名》,《厦门大学学报(哲学社会科学版)》2010 年第 3 期。

考前提,即如果没有科举制,古代君主专制统治就很难维持下去。这就像指责科举造成 16 世纪以后科技落后于西方的看法,背后实际上隐藏着"如果没有科举制中国也会在当时产生近代工业"的观点一样。

记得我于 1977 年考上厦门大学历史系以后,当时所学的《中国古代史》课程,采用的是另一所重点大学历史系编撰的全国广泛流通的教材,还带有浓厚的"文革"痕迹,十分偏重农民起义的内容。这本教材在不厌其烦地叙述每个朝代末的农民起义之后,总要分析几点起义失败的原因,其中无一例外都有一条"因为没有无产阶级领导"。20 世纪 70 年代末的高考复习材料谈到历次农民起义失败的原因时通常也会说到这点。现在看来这种模式化的分析套路相当可笑,当时哪里有无产阶级呢? 就是农民起义取得了胜利又怎么样呢? 按照这种历史逻辑,不是成王败寇,而是"胜者成罪恶,败者应歌颂"。元末朱元璋领导的起义大军,因为成功了,便成为罪恶的统治者;若他失败了,恐怕就变成了值得歌颂的农民起义。

其实,在唐宋以后,即使是农民起义军掌握了政权,或者说取得了胜利,所建立的也只能是君主体制,而且也自然而然地会跟着采用科举制度。如明末李自成建立的大顺政权和清代洪秀全建立的太平天国政权,也都实行科举制度。辽、金、元、清等外来民族政权也不例外,或迟或早都实行了科举制度。这说明科举这种人才选拔方式,在隋唐以后的中国历史上,具有普遍存在的理由和必然性。

科举制不等于专制制度。人类文明是多元的,不宜以近代化或西化后的尺度来衡量古代的东方文明形态。如果没有外来因素的介入,中国可能在相当长的时期中都很难走出古代的历史空间,也不见得会自动产生共和体制。没有科举制,专制统治照样存在,只是其选拔官员的方式会更混乱,官场会更为腐败,通过世袭或买官跑官、讨好有荐举权力的权贵而走上仕途的人,通常更贪婪,对黎民百姓可能更无情。

任何时代、任何社会、任何国家都有一个人才选拔的问题,专制时代如此,民主共和社会亦然。但采用什么方式来选才,则大不一样。考试选官方式与专制统治制度之间并没有必然的联系,它既可以为帝制时代所采用,也可以为共和体制所采用,还可以为当代中国所采用。领导中国建立共和体制的孙中山,是对科举制评价最高的著名人物。1918年,孙中山甚至直接指出废科举是因噎废食,他说:科举考试为"中国良好之旧法","往年罢废科举,未免因噎废食。其实考试之法极良,不过当日考试之材料不良也"。① 看到孙中山如此直截了当为科举制平反的言论,我们还能说科举制就只是维护专制统治的工具吗?

而且,如果将科举制等同于专制制度的话,那么1905年清

---

① 《孙中山文集》,北京:团结出版社,1997,第529页。

政府废科举,不是自己革了专制制度的命了吗? 如果说实行科举就是实行专制制度的话,那么李自成大顺政权和洪秀全太平天国政权都实行科举制度,就是说农民起义军也都实行专制制度了? 如果凡是有利于维护君主统治和古代社会秩序的东西都该否定,那么,中国历史上的法律、学校、书院、儒学等等,哪一样不是为当时的君主统治服务的呢? 是不是也都该彻底否定呢?

科举从制度设计上说,并不是一种恶制。1896 年,梁启超在《变法通议·论科举》中指出:"科举弊政乎? 科举,法之最善者也。古者世卿,《春秋》讥之。讥世卿,所以立科举也。世卿之弊,世家之子,不必读书,不必知学,虽骄愚淫佚,亦循例入政,则求读书求知学者必少,如是,故上无材。齐民之裔,虽复读书,虽复知学,而格于品第,未从得官,则求读书求知学者亦少,如是,故下无材。上下无材,国之大患也。科举立,斯二弊革矣。故世卿为据乱世之政,科举为升平世之政。"①梁启超当时对科举持批判态度,并提出改革科举的主张,但还是充分肯定科举制的积极作用,认为"科举为升平世之政"。

科举制是帝制时代的考试取士制度,走出君主体制,就不可能恢复科举制度了。但后来实行的考试选才办法,从公平竞争原则和平等择优的方式来看,是与科举制一脉相承的。近年

---

① 梁启超:《饮冰室合集》文集之一,第 21 页。

来我国公务员考试热度逐年升温，2024 年的最热职位报考与录取比例高达 3679：1。从考试内容来看，科举考试与公务员考试当然不可同日而语，但从公开报名、考试竞争、择优录取的原则来说，两者实际上是一致的。说到底，考试选才就是公平竞争的手段，并非中国帝制时代的专利。难能可贵的是，我们的祖先那么早就发明了这种先进的人才选拔方式。

对本身是进士出身且曾经主管科举或参与过科举改革的白居易、苏轼、欧阳修、林则徐等历史人物，对柳宗元、韩愈、狄仁杰、王安石、包拯、文天祥、史可法、张之洞等大量进士出身的著名历史人物，如果还要一切以阶级分析的方法来看待，那么这些人及第从政后当然也属于统治阶层，也就是"剥削和压迫人民"的分子，是为维护专制统治出力的人物。而如果我们将这些人视为我们民族历史上的优秀人才或精英文化的传承者和创造者，那么科举的选拔功能便值得肯定。

二、科举并非愚民的政策

还有一种流传已久的说法为指责"科举制是统治者愚民的产物"，实行科举是封建统治者禁锢人民思想、维护封建专制统治的愚民政策，成千上万的读书人整天埋头读四书五经，考八股文蒙蔽了知识分子的心智。

"牢笼英才,驱策志士"是科举制的政治目的或功用之一,即"天下英雄尽入吾彀中"。从唐太宗以后,历代统治者多知道"得士者昌,失人者乱"的道理,力图通过科举使政权向社会开放,将社会下层的能人志士网罗进政府中去,这样既能树立政府的开明形象,又可以消弭社会上的反抗力量。

但牢笼英才不等于愚民,至多是消磨反抗的斗志和意念,科举并非存心要愚民。考试制度的发展,存在着一些不以人的主观意志为转移的客观规律,以考试来选拔官员是人才选拔方式发展到高级阶段的产物。科举选拔的人物中可能有水平一般者,但总体而言肯定比其他办法选拔出的人素质更高。说实行科举是愚民,就好像说现代高考制度的设计者或托福的命题人员有意要愚化考生一样,明显不符合事实。

即使明清时期主要以八股取士,也并非有意要败坏人才或存心愚民。科举是要选拔精英人才从政治国,古今中外从来没有任何一个政府会故意去愚化精英人士后再选拔他们来治国安邦,明清两代统治者以八股取士的目的也是拔取英才为其所用,而且科举实际选拔出来的也多是才智之士。在乾隆三年(1738)发生的八股科举存废之争中,力主不废的执政大臣鄂尔泰曾说过这样一句话——以八股取士乃不得已,即"立法取士,不过如是"。

从考试发展史的角度看,八股文是考试制度长期实行后逐渐演变形成的标准化作文考试文体。唐代科举中有墨义和帖经题,即相当于现代的简答题和填空题,但因为这类题型主要测试记忆能力,考不出高深水平,到宋代以后逐渐被淘汰。而作文题最能体现作者的才华,然而因属于主观试题,不同的人评卷主观误差可能很大。评卷客观化、控制评卷误差是大规模考试发展的内在要求,八股文便是受科举考试发展的内在动力的驱使而产生的,是一种刻板地通过考察经学知识和文字水平来测验智能的文体。只是科举这种选拔性考试长期实施之后,受应举人数众多和考试发展的内在压力驱使,命题才走向死胡同。历史上称赞八股文的也大有人在,如李贽就将"举子业"与《西厢记》《水浒传》等相提并论,认为八股文是"古今至文"之一种。①

还有人认为科举考试是一种智力测验。1871 年,一位叫 Ewer 的西方学者在《三年大比》一文中说道:"没有一个读过一点有关中国书刊的人不知道中国的三年一次的科举考试,这种考试将那些能够成功地回答智力测验的人置于重要职位,并给予最好的奖赏。"②作者在该文中还一再提到科举考中者有智力。中国人基本上不知道还有科举为智力测验这么一说,以往只有少数几个学者对此有所研究。1926 年 11 月,张耀祥在北京大学作题为《中国人才产生地》的演讲,主要是用直接从北京

① 李贽:《焚书》卷三《童心说》,北京:中华书局,1975,第 99 页。
② F. H. Ewer, " The Triennial Examination ", *The Chinese Recorder and Missionary Journal* , Vol. 3, No. 11, April 1871, pp. 330—331.

国子监进士题名碑上抄录的24451名清代进士的籍贯的地理分布,来说明中国各省人才的分布情况。在演讲稿中,张耀祥认为以进士人物为统计人才的地理分布的资料最为理想、最为客观,因为"无论从学业以外的资格、投考机会、考试地点、经费、考试及阅卷规则、考取额数诸方面考察,科举实在是竞争最自由的取士工具"。他还提出:"科举是一种智力测验,不是学科测验,也不是职业测验。治某学科或从事某种职业,多半属于偶然激发的行为。智力纯是学会各种学科,并创造各种事业的潜势力。……科举人物代表当时国中最高智慧阶级全部。"该演讲稿在1926年11月24日和25日的《晨报副刊》连载。

为了解答个别人的质疑,张耀祥又专门写了《论科举为智力测验》一文,发表于1926年12月16日的《晨报副刊》上。他声明,自己作为一个心理学家,发表"科举为智力测验"这个论断,不完全是出于门外汉的武断。他认为科举考试的内容,如作骈文策对、诗词歌赋,用心理学的名词来说,就是把平素各方面所得的印象(在此处是单字及成语),按测验的要求(即题目的性质)挑选一部分,集合起来,加以新的组织(即连串成文),使之成为一篇有系统、有意思的文章,这实际上就是一种智力测验。他认为"说科举是教育测验,无异于说吟诗等于背诗,作文等于抄文"。他还列举西方通行的智力测验也要涉及文字和学习过程以为论证。张耀祥认为聪明人也有落第的,怀才不遇和滥竽充数情形或者不免,但为数必极少。主张科举无法选拔才智之士的人，至少须找出百分之一，即 240 余人，聪明而落第，或及第而蠢者，才值得一个小小的注意。"'科举在命不在文'，这是失意人常有的牢骚，我们何必受他们的欺骗。"①

科举为智力测验说曾得到一些遗传学家和社会学家的认同。如潘光旦、费孝通 1947 年 10 月在清华大学《社会科学》第 4 卷第 1 期发表的《科举与社会流动》一文中便说："我们承认，凡是由科举考试出身的人，一般地说，遗传的智能要好一些，教育的便利要多一些。当代心理学家，对以前考试制度曾作研究的，认为八股文的考试方法多少是一种智力测验，而不止是记忆测验与知识测验。"

现代一些优生学家从进士人物之间存在着血缘关系这一点出发，也间接地认为科举考试选拔的是智力较高的人才。例如明代永乐年间（1403—1424），福州府长乐县先后出了两个状元——马铎和李骐，相传他们是异父同母的兄弟。虽然马铎和李骐生长在不同的家庭，但都取得了最高的科名，这有力地说明他们的母亲的智商遗传是相当重要的。1949 年，潘光旦在上海观察社出版的《优生原理》一书，指出清代 560 名巍科（指会元、状元、榜眼、探花、传胪）人物中，至少有 42％是二人之间或多人之间存在血缘关系的，即属于一个庞大的血缘网，并认为这个血缘网是发现是智力遗传的有力论据。潘光旦还指出，

---

① 张耀翔：《论科举为智力测验》，《晨报副刊》1493 号，1926 年 2 月 16 日。

　　清代江苏昆山徐开法的三个儿子都考中鼎甲,徐元文在顺治十六年(1659)中状元,其兄徐乾学在康熙九年(1670)中探花,徐秉义又中康熙十二年(1673)探花。徐氏昆仲都是明末清初著名学者顾炎武的外甥。"乾学比秉义大两岁,秉义比元文大一岁。他们的母亲是顾亭林先生的第五妹。以大学者的舅父,生掇取巍科的外甥,决不是一种碰巧的事。"①历代进士之间和明清鼎甲人物之间经常存在的血缘关系,在一定程度上说明,科举考试有可能将智商较高者测试选拔出来,因而具有智力测验性质。

　　为什么科举考试能在一定程度上测验和选拔出智力较高者? 这与科举采用试帖诗和八股文等考试文体有关。

　　唐代科举考试的题型主要有帖经、墨义、策问、诗赋等几种。有的学者认为,唐代这些考试方法与 20 世纪美国心理学家布卢姆的认知目标分类有一种巧合。帖经偏重于记忆,属于布卢姆学习分类六大类中的第一层次认知阶段;墨义为简答题,属于学习中第二、三层次的理解和运用;策问则考察分析与综合能力;诗赋不但能考察思想,而且也能反映出一个人的文化修养和文学水平,与布卢姆学习分类中智能部分最高层次的"评价"具有同等的意义。② 明经科主要考帖经和墨义,测试的

---

① 潘光旦:《近代苏州的人才》,《社会科学》第 1 卷第 1 期,1935。
② 徐玖平:《考试学》,成都:成都科技大学出版社,1989,第 16—21 页。

是低层次的技能,后来逐渐为人所轻,宋代科举已将这种考试形式逐渐淘汰。唐代进士科从考策问逐渐发展到以诗赋为主要考试形式,是由于策问内容不外乎政治、经济、时事等经国大事,范围毕竟有限,猜中策题的可能性较大,易于揣摩准备而难以辨别高下,而进士科所试诗赋取材广泛,非博学多才之士,难成佳作。正如顾炎武在《日知录》卷一六《经义论策》中所说:"唐宋用诗赋,虽曰雕虫小技,而非通古知今之人不能作。"诗赋可以言志,而省试诗是命题作诗,只有才情并茂、善于思维并掌握了作格律诗技巧的人,才可能临场作好。

八股文在讲究语言技巧方面又比试帖诗更为复杂,是一种极端形式主义的文体。它非常苛求文章的逻辑严密和对仗工整,条条框框很多,作文要紧扣题意,一点也不能出格。如试题为《论语·学而》中"有朋自远方来,不亦乐乎"一节,作文时如文章涉及前面的"学而时习之,不亦说乎",就是"犯上",如稍涉及后面的"人不知而不愠"则是"犯下",都属于不合格。有的题目又偏又怪,就更难紧扣题意层层发挥了。八股文不仅要求破题巧妙,通篇文章连贯,而且要求每股之间对仗工整,排比对偶最好能一正一反、一虚一实、一深一浅,这些对偶句往往又很长,特别是作为议论重心的中股、后股,一股有时长达数十字或上百字,这么长的对偶还要双声叠韵、平仄抑扬,可以说是极其讲求汉语言的修辞技巧的。八股文的逻辑顺序是层层递进,一环紧扣一环,如起讲处不得势,则以下无话可说,即所谓空不得，实不得，一二句说完不得，层数太少不得，太多又不得。在极端严格的形式之下，要作出与众不同的文字确实不易，所以有些举业家称八股文是"花团锦簇"，与绣花一样，取其搭配整齐巧妙。讲究形式章法走到如此极端的地步，八股文实际上成了一种高级的汉语文字游戏。

有如田径场上的体育比赛，科举考试是一种智力竞赛，而作八股文就像是有严格规范动作的体操比赛。比如双杠运动，限定在一定时间内要完成规定动作，越干净利落如行云流水一般连贯优美得分就越高，而自选动作越高、难、险、美越能博得裁判的好评。作八股文就是一种智力体操，在规定的程式内作有限的自由发挥，考官也易于评判优劣高下。本来作文是所有考试题型中最难客观评分的，八股文却定出特别的格式，让考官有章法可循，较可能掌握一致的评价标准。

八股文易于评定优劣可以举出一个显例。乾隆六十年(1795)会试，正总裁窦光鼐善于衡文，所取第一、二名皆浙江人试卷。揭榜后，第一名会元为王以铻，第二名即其弟王以衔，众议哗然，乾隆皇帝也感到奇怪。权臣和珅素与窦不和，欲趁机构陷窦光鼐，于是找出兄弟二人闱墨中都有"王道本乎人情"一句，指出此即为作弊关节。结果抑置王以铻于会试榜末，停其殿试资格，降窦光鼐四品休致。可是，殿试拆封以后，王以衔仍高中一甲第一名，乾隆皇帝心意释然，问廷臣说："此亦岂朕之

关节耶?"①因为殿试主考官名义上是皇帝本人。王以衔殿试
仍中状元,说明他的会试成绩肯定也是可信的,于是再录用王
以铻入翰林院,窦光鼐官复原职。这一事例说明才智优秀者答
卷往往公认出众,一般来说科举考试糊名誊录试卷加以评定,
评卷是较为客观公允的。科举时代有"文有定评"的说法,主要
就是因为采用八股文这种标准化的考试文体,不同的考官通常
对文章水平的高下会有共识。

有的学者甚至认为,经常参加考试,以努力进修、悉心钻研
之故,可使人头脑发达,思想周密。还有西方学者说中国人之
聪明智慧有时胜过西方人,系得力于数百年中之作八股文,因
为常作八股文可以促进人的聪明才智之上进与知识水准之
提高。②

三、科举并非没有社会流动

在各种批判科举的说法中,还有一个误解是说科举只是统
治阶级中的内部选拔,或者说只是地主阶级中的士族和庶族之
间的竞争。这种观点并不符合科举时代的历史实际。

---

① 〔清〕赵尔巽等:《清史稿》卷一〇八《选举志》三,北京:中华书局,1977,第
3163—3164页。
② 侯绍文:《八股制艺源流考》,台湾《人事行政》第22期,1967年5月。

　　在前科举时代,官员选任要么是世袭制要么是察举制,或者像魏晋南北朝时期实行与察举并行的九品中正制,没有家世背景的平民基本上没有出头的可能。东晋左思的《咏史》诗说:"郁郁涧底松,离离山上苗,以彼径寸茎,荫此百尺条。世胄蹑高位,英俊沉下僚。"而科举时代,"地瘦栽松柏,家贫子读书""朝为田舍郎,暮登天子堂",这些诗句反映的都是贫民子弟通过科举改变命运的期盼与事实。

　　自从隋唐科举制度逐渐取代了魏晋门阀制度之后,中国可以说是世界上第一个真正贯彻不问家世出身、以才学来竞争职位的国度。正是因为科举具有促进社会流动的功能,所以在科举时代才有"蓬蒿之下,或有兰香;茅茨之屋,或有公王"的说法。科举是传统社会平民百姓的出头天,如果说贡院犹如考试地狱的话,那也是通向人间天堂的考试地狱。

　　科举取士遵循的是能力本位原则,能否及第主要取决于举子的才学。正如五代时王定保《唐摭言》卷三后论所说:"有其才者,靡捐于瓮牖绳枢;无其才者,讵系于王孙公子?"[1]不管家世出身高低,以才学为标准公平竞争。出身于富贵之家的子弟具有较好的受教育和备考条件,但他们至少必须像其他人一样勤苦向学,具备相当的文化水准和素质,才有可能通过激烈的考试竞争。

---

① 〔五代〕王定保:《唐摭言》卷三,上海:上海古籍出版社,1978,第43页。

这就像游泳一样,游得过去就游过去,游不过去,权力、出身、金钱等其他办法都帮不了他。这毕竟比从前的世袭制或成功与否须操决于他人的察举制要好得多。明人王士性曾说:"缙绅家非奕叶科第,富贵难于长守。"①也就是说,在科举时代,要想使子孙守住富贵,就得让后代不断地参加科举以博取科第,否则祖宗的财富和地位就难以长期延续下去。至于平民子弟,要想改变自己的命运,就更需通过科举阶梯从下层社会进入主流社会。正所谓:"科第之设,草泽望之起家,簪绂望之继世。孤寒失之,其族馁矣;世禄失之,其族绝矣。"②

1838 年,一位叫麦都思(Walter Henry Medhurst)的西方人曾称赞科举说:"该制度的好处显示出来,它以不偏不倚的公正态度接纳各阶层的人。在这个制度面前,等级制度被废除了,不分尊卑贵贱,财产和等级失去了其优势,穷人只取决于勤奋与否,也能得到高官显爵。在那些布衣之伍,靠勤奋而跻身国家要臣之列,把握国家之权柄者,例子不胜枚举。"③

传统社会很少有机会能够让人通过个人奋斗而改变自身的命运,读书应举是难得的一个途径。明代万历四十三年

---

① 〔明〕王士性:《广志绎》卷四《江南诸省》,北京:中华书局,1981,第 70 页。

② 〔五代〕王定保:《唐摭言》卷九《好及第恶登科》,第 97 页。

③ Walter Henry Medhurst, *China: Its State and Prospects*, London: John Snow, 1838, p. 178. 转引自杨学为总主编《中国考试史文献集成·第 6 卷·清》,北京:高等教育出版社,2003,第 695 页。

(1615),礼部说:"绩学博一第者,强半寒素之家。"①也就是说,寒窗苦读、成绩优秀的考生中获得进士及第者,多数家境清寒。科举时代流传的"家贫、亲老,不能不望科举"②的说法,就典型地反映出社会下层指望靠科举改变命运的心理和希冀,也充分反映出科举促进社会阶层流动的历史事实。

前述1947年10月潘光旦、费孝通在清华大学《社会科学》第4卷第1期发表的《科举与社会流动》一文,对科举与社会流动问题进行了量化研究。他们根据915份清代的朱卷进行较精确的分析,发现五代以内均无功名的贡生、举人和进士只有122人,占总数的13.33%。他们认为,凡是有资格读书应考、能利用科举阶梯上升的,必须有个经济的条件,就是可以不必靠劳力为生,因此大多限于地主阶级。所得结论为:但也有十分之一的贡生、举人和进士是从没有功名的人家中选拔出来的,这也说明科举并不是完全由已有功名的世家所垄断,但科举作为社会流动的机构并不是宽大的。在与现代美国的情形作比较之后,他们认为:"美国的社会流动似大而实不太大,中国科举时代的社会流动似小而不太小,即科举之所以为人才登进的阶梯者似窄而实不太窄。"③

---

① 《明神宗实录》卷五三五"万历四十三年八月丙申"条,台北:"中央研究院"历史语言研究所,1966,第10143页。
② 章学诚:《章氏遗书》,北京:商务印书馆,1936,第109页。
③ 潘光旦、费孝通:《科举与社会流动》,《社会科学》第4卷第1期(1947年10月)。

宋元强在《清朝的状元》一书中,对清代 114 名状元进行专题研究,在深入研究的基础上,以大量的史料和实例,说明大多数状元都是自幼刻苦努力,在科场中一步步竞奔,最后才脱颖而出。作者得出结论说:"若要涉足鼎甲,掇取魁科,倘无深厚的经史功底、卓越的属文能力、高超的楷书造诣,是不可能高中的。在这方面,几乎没有什么侥幸可言。"在家世出身可考的 57 名状元中,出身官等级的占 51%,民等级的占 49%,这充分表现了科举制度的基本特征:不拘门第、平等竞争、公开考试、优胜劣汰。①

中外学术界关于科举造成多大范围或多大程度的社会阶层流动有许多研究和争论,大体可以分为"流动派"与"非流动派",形成了科举学中的一大热点和公案。不管科举造成的社会阶层流动到底有多大,有一部分社会下层的人通过科举考试跻身社会上层总是不争的事实。当时的"榜上名扬,蓬门增色"等俗语,不仅是统治者对读书人的利诱和鞭策,也是科举造成社会阶层流动的历史的真实写照。

当代有不少文章谈到范进的"悲剧命运",甚至进而说范进代表的是古代知识分子的悲剧命运。不错,范进中举的故事确实生动地描写了科举时代某些文人的可笑之处,但很少有人意识到它同时也反映出"中举效应"的积极方面,即经过苦读可能出头,可以改变自己和家人的命运。其实,范进是一个寒门出

---

① 宋元强:《清朝的状元》,长春:吉林文史出版社,1992,第 37、172 页。

贵子的典型，是通过考试彻底改变命运的文学典型，比当今在工地搬砖的青年学子在工地搬砖的时候接到清华大学的录取通知书更具有励志的意义，因为范进改变命运的幅度比现今贫困学子考上清华大学要大得多。原来家徒四壁的范进实现了底层平民的逆袭，实现了巨大的社会阶层流动，范进中举的故事并不是什么知识分子的"悲剧命运"，而恰恰是古代读书人"科举改变命运"的真实写照。

四、科举并不阻碍文学发展

科举与文学的关系是一个复杂的问题，科举对文学到底是起推动作用还是起阻碍作用？不同的学者有不同的看法。20世纪80年代以前，一般的中国文学史论著站在批判科举的立场上，多认为科举不利于文学发展。我认为，科举对文学发展利弊兼具，总体而言，科举制对中国古代文学的普及与发展有推动作用。

文学与科举具有天然的血缘关系。用笔试的方式来选拔人才，必须通过"文"，也就是文章来体现。唐代"以文德应天，以文教牧人，以文行选贤，以文学取士"[1]。从唐高宗以后，进士科逐渐以诗赋为主要录取标准，凸显出进士科的文学考试性

---

[1]《白居易集》，北京：中华书局，1979，第1369页。

质。进士试诗赋作为一种文化形态构成了唐代文学特别是唐诗发展的背景,在唐代社会营造了重视诗赋的氛围,此价值取向和取士标准为唐代造就了一大批业诗攻赋之人,这也正是一种文学体式发展繁荣的重要前提。南宋人严羽在《沧浪诗话·诗评》中指出:"唐以诗取士,故多专门之学,我朝之诗所以不及也。"明人王嗣奭在《管天笔记》外编《文学》中说:"唐人以诗取士,故无不工诗。竭一生经历,千奇万怪,何所不有?"一方面唐代科举试诗赋是唐代诗歌繁荣的结果,唐诗的发展促进科举以诗赋取士的兴盛;而另一方面,以诗赋取士,诗歌便成为仕进的一块敲门砖,士子唯有善于此道才有希望跻身仕进之门,这就必然促使士子将心血浇漓于诗的创作,并形成推崇诗歌的社会风气,于是又反过来促使唐诗更加繁荣。换句话说,唐诗的繁荣与科举考试诗文的兴盛是互为表里的。①

　　尽管北宋以后进士科合并包容了明经等其他科目,并以经义为主要录取标准,也还是兼顾考察举子的文学素养。清乾隆以后又将试帖诗重新列为考试内容。明清时期各省贡院大门前所立牌坊刻有"明经取士"与"天开文运",即表明科举考试所重为经术与文学两个方面。以往有不少学者认为对唐代文学起促进作用的,只是因进士科以诗文为主要考试

---

① 参阅刘虹《科举学的文学视角》,《集美大学学报(教育科学版)》2005 年第 1 期。

内容而派生的行卷这种特殊风尚,而省试诗则是唐诗中的糟粕,它和科举考试的律赋一样,对唐代文学的影响是消极的。其实省试诗对文学的促进作用不应低估,正是因为唐代进士科省试要考五言八韵律诗,人们才努力钻研作诗技巧,平时注意搜集素材和写作诗歌。省试诗的目的是考察举子的作诗技巧、掌握程度,并不要求写出传世名篇。在考场仓促之际按命题作诗,一般也不可能写出特别好的作品,祖咏《终南望余雪》和钱起《省试湘灵鼓瑟》算是例外。而且省试诗的文学价值虽然不如平日推敲创作的诗歌高,但若扣除了这一类诗作,《全唐诗》便要减去相当大部分的内容。而唐代被称为诗歌的朝代,和诗作数量的繁多也是有关的。唐代科举试诗赋对诗歌创作也起到某些好的促进作用:科举制度激发唐代文人对其科举生活的歌吟叙述,产生了与此有关的大量诗文。

命题作文与平日的文学创作有所不同,科场中所考的试帖诗有一定的规范性,必须按照其题意和格律声韵要求来写,这是大规模选拔性考试维持可比性和客观评卷的公正性的必然要求。个别平时具有非凡的诗歌天才的人不一定就能适应考试中的命题作诗。在考场上在限定时间内作文,李白也无法随意发挥"白发三千丈"的奇思异想,而必须根据命题来铺叙。而且李白、杜甫未能考中进士还与唐玄宗开元天宝年间"词人材

硕者众,然将相屡非其人"的特殊朝代背景有关。① 唐代多数
文学家还是考中过进士的,如陈子昂、张九龄、王维、韩愈、柳宗
元、刘禹锡、白居易、李商隐、杜牧等皆为进士出身。从隋唐至
明清流传下来的多数诗文集也是科第中人所为。

　　除唐代试儒家经典知识背诵和理解能力的帖经和墨义以
外,在历代各种科举考试文体中,诗、赋本身就具有很强的文学
性,即使是说理性的策、论、表、判、诏等应用文体,评价的标准
也是"文"与"理"两个方面,即文采与道理都要好才能入选。至
于八股文,考试的内容是经学,而形式却是文学,八股文本身就
是一种十分讲究排偶对仗的独特考试文体,千年科举实际上就
是以文取士。因此,在一定意义上,可以说科举就是一种文学
考试。

　　再说科举文学。科举文学是指因科举考试而产生的文学
作品和体裁及与科举相关的文学,是西方文学中所没有的题材
和元素。科举文学包含科场上产生的试帖诗、律赋、策论、八股
文等,以及为备考科举写作的大量此类考试文体作品,还有以
科举为题材的诗词、歌赋、戏曲、小说。中国古代的才子佳人小
说,其套路基本上就是"私订终身后花园,落难公子中状元"。
有的学者认为,在西方文化中,英雄救美、侠骨柔情更显英雄本

① 参阅刘海峰《唐代教育与选举制度综论》,台北:文津出版社,1991,第 177—
　180 页。

色。而中国的动作英雄不但不拯救美人于水火中,反而认为红
颜祸水;他们不但对美人没有展现浪漫情怀,相反是避而远之。
在中国传统故事中,这个英雄救美的责任就落在寒窗苦读、金
榜题名的才子们身上,他们凭借在考试中拔得头筹而拯救佳
人。① 因此金榜题名、才子救美就成为才子佳人小说的永恒
主题。

由于1300年间绝大部分读书人都参加过科举,金榜题名
是当时文人士子朝斯夕斯孜孜焉梦寐以求的目标,中举或落第
都是他们心头永远挥之不去的深刻记忆,想要真正了解科举时
代文人的生活、交游和创作,科举是绕不过去的一个元素。科
举元素渗透到古代文学从题材、内容到文体、文风等方方面面,
从隋唐到明清各个朝代的科举与文学的关系,都有非常丰富的
研究内容。科举具有强大的"指挥棒"功能,科场命题风向很快
就会影响到文人的潮流所向。即使是中断科举最久、开科时间
较短的元代,科举取士也影响当时的士人心态、学术风向和文
学风貌,与文学思潮、文学创作、文学风尚之间有密切的联
系。② 文学才能向来是科举取士的一个主要衡量标准,科举对
中国古代文学的影响主要方面是积极的。

人们普遍以为八股文对文学的发展起消极影响,并以成千

① [美]孙开键、李红利:《才子救佳人:中国的考试英雄》,《教育与考试》2007年第
6期。
② 参阅余来明《元代科举与文学》,武汉:武汉大学出版社,2013,第20—24页。

上万的八股文很少流传下来、绝少有人将八股文收入自己的文集为证，说明八股文毫无价值可言。其实，八股文对明清文学也并非毫无用处。在科举时代，许多人认为从所作八股文可以考察出考生的才学、心思和性情："制艺取士，昉自唐试帖，将觇士人之才华、学殖之深浅、心思之灵钝、气味之厚薄、音节之乖和、性情之好尚、世运之盛衰。"① 八股文只是一种标准化的考试文体，它与试帖诗类似，命题作文只考察作文水平，并非一种纯文学创作，这就好像现代高考或大学联考作文一样，有哪位作家或学者将自己高考时的作文收入文集呢？ 作八股文的训练使得明清士人大多善于作文属对，当时出现许多对仗工整的著名长联便与八股文讲究对仗有关。

科举对文学的推动作用在古代朝鲜也类似。根据朝鲜古籍《增补文献备考》卷二四七至二五〇"艺文考·文集类"，朝鲜历史上从新罗崔致远《桂苑笔耕集》开始，至李朝僧人兑律《月波集》为止的 1050 部诗文集中，有 755 部标明作者为"登科""文科""司马"等科第中人，占总数的 72%，足见科举与韩国古典文学有深厚之缘。越南亦模仿中国长期实行科举制度，科第中人的产出在文学作品总数中所占的比例比韩国还更高。

科举取士的本意不是为了选拔文学家，而是为了拔取政治人才。但因为以文取士，结果实际上选拔和造就了大量的文学

---

① 出自黄润昌为何锦江《考卷味莼》所作之序。

家,从隋唐到明清,中国古代多数文学家是科举出身。有学者统计,《四库全书》集部著录和存目收有唐至清别集 2504 部,其中进士著述 1367 部,占 54.59%,[1]若包括举人的话,比例还会更高。中国古代各种文学流派的升沉消长及文风变易皆与科举有着千丝万缕的联系,唐代诗赋和传奇小说、宋代古文、元代戏曲话本、明清小说无不受到科举的影响。

隋唐以后的绝大多数文学家即使未中过进士或举人,至少也参加过科举考试,冯梦龙、凌濛初、吴敬梓、蒲松龄、曹雪芹等人之所以会在小说中经常描写有关科举的情节,就是因为他们都有或长或短的应举经历。中国古代文人具有浓得化不开的科第情结,几乎每位文学家的文集中都可以找到有关科举的内容。总的看来,科举与诗文创作关系较密切,而与长篇小说关系较弱,中国文学史上几大古典名著基本上是落第文人创作的。"文学、政事,本是异科,求备一人,百中无一。"[2]曹雪芹若考中进士当了大官就不大可能有那么多时间来写《红楼梦》这类长篇章回小说,吴敬梓、蒲松龄如果早早中举及第也就不会去写《儒林外史》《聊斋志异》。从政才能与写作才能的发展在时间上往往会有矛盾,一个官员整天考虑写章回小说大概就没有多少政绩。当然,历史上也有不少在政事上有功绩、在学术

---

① 吴建华:《科举制下进士的社会功能》,《苏州大学学报(哲学社会科学版)》1995
　　年第 1 期。
② 〔宋〕王溥:《唐会要》(下),上海:上海古籍出版社,2006,第 1440 页。

上或文学方面也有重大建树的人,那是因为他们在及第从政后善于仕学相兼,政事之余勤于笔耕,写出许多著名的诗文,因此在中国文学史上名垂千古。

由于科举考试以文取人,1300年间官员文人化、文人官员化。社会上广泛流传着"天子重英豪,文章教尔曹""少小须勤学,文章可立身"等名言,文学的影响也无所不在。科举以文取士,促成了读书尚文的文化传统,因此科举时代的中国传统社会是一个读书至上的诗书社会,是一个朝野尚文、大多数读书人皆能吟诗作文的文学社会。①

五、考试作弊并非科举制黑暗

许多论者把科场上的作弊如挟带、替考、贿赂考官、通关节等说成是科举制的弊端,认为晚清科场作弊盛行说明科举制黑暗。实际上,从宋代以后基本定型的科场条规来看,作弊是人的问题,而不是制度本身的问题。科举制将个人和集团的政治权力、经济利益和社会地位的竞争,集中到考场上的智力水平和文化知识的竞争中来,因此,许多人挖空心思企图破坏这一

---

① 参阅刘海峰《科举学与科举文学的关联互动》,《厦门大学学报(哲学社会科学版)》2012年第6期。

公平的制度,或者想方设法钻制度的空子,通过不正当的手段挤入仕途。

由于科名中有"黄金屋"和"颜如玉",无数士子参加激烈的科场角逐。科举之所以会有那么大的魔力,主要是因为其中包含着利益。一旦中举及第,便可以迅速提高社会地位,获得许多政治和经济利益。因此,科举考试在一定意义上是进行利益的分配。舞弊方法好似水银泻地,无孔不入,科场条规和贡院防弊则力图做到密不透风、滴水不漏,二者不断在进行"魔"与"道"的智力搏斗。

一部中国科举史,是考试发展的内在逻辑和外部压力相互对抗所谱写的历史,是力求公平取士的精巧用心与力图投机取巧的作弊行为斗智斗勇所写就的历史,是少数人挖空心思实施作弊与制度设计者绞尽脑汁防止作弊的互相较量的历史。清代由杜受田、英汇等修纂的《钦定科场条例》,对科举制的方方面面都作了非常详尽的规定,其细密严谨程度世所罕见。这些条规是在科举考试上千年的演进历程中逐渐形成的。未曾读过《钦定科场条例》的人很难想象清代科举制度之严密程度,而认真读过《钦定科场条例》的人则很难忘记清代科举制度之严密程度。

科场有如古代读书人进行文战的战场,虽然使用的武器主要是笔和纸,进行的是不流血的才智搏斗和较量,但有时也有血腥的场面。明清两代的科场案,其血腥的程度几可以和真正的战场相比,有的科场案中落地的人头品级比战场上阵亡的将军还高出许多。唐代就已出现了一些科场案或科场风波。宋代科场案相对较少,对科场案的处罚也较轻。明代科场案也不算很多。清代是科场案多发的朝代,处罚也空前严酷。

咸丰八年(1858)戊午科顺天乡试发生了清代最大的科场案。清朝制度严令禁止八旗子弟登台演戏,而经常登台表演的京剧票友、镶白旗满洲人平龄,在此科顺天乡试名列第七名,于是议论蜂起:"优伶亦得中高魁矣。"咸丰于是令亲王载垣、端华等前往查办。虽然他们肯定了平龄的身份有参加乡试的资格,但复勘试卷时,发现应讯办查议的试卷,竟有五十本之多。咸丰认为主考、同考各官"荒谬已极",将正主考柏葰先行革职,副考官朱凤标、程庭桂暂行解任。后来,又查出主考官文渊阁大学士柏葰听受嘱托、副考官程庭桂收受条子的罪证。咸丰九年(1859)二月十三,决定将柏葰、浦安、罗鸿绎、李鹤龄、程炳等照例斩立决,此外还有 3 人流放,7 人革职,7 人流放后准捐输赎罪,16 人降级调用,38 人罚俸一年,13 人罚停会试或革去举人资格,还有 2 人死于狱中,总共涉及 91 人,[①]其中身为一品大员的柏葰是中国科举史上死于科场案的级别最高的官员。

19 世纪末,在华"西儒"、同文馆总教习丁韪良(William

---

① 《咸丰八年顺天乡试科场案》,见中国第一历史档案馆编《清代档案史料丛编》第 14 辑,北京:中华书局,1990,第 189—244 页。

Alexander Parsons Martin)谈到一些年前会试主考官因为作弊授予两三个科举名额而被处死时说："作弊的范围虽然有限，但它的威胁是不可估量的，它将动摇人民对这唯一获得荣誉和入仕的途径以及对政府的信心。即使是皇帝也无法损害科举制而不带来风险，他可以按多数人的愿望降低科举的要求，但他不能取消它而不引起剧烈的动荡，因为科举是人民的投票箱和权力的特许状。"①从 1300 年中国科举史来看，只要是稍微不太昏庸的皇帝，一般都犯不着为某一臣子个人而坏了科举制度的大法，进而危及其统治。

考试作弊并非由于科举制黑暗，科举制中的许多规定和措施恰恰就是为防止作弊而制定出来的。正如我们不能因为当代高考中部分地方存在作弊现象就说高考制度不好一样，不能因为存在作弊而怪罪制度本身。这就像现在见到一些考试博物馆或高考展览中展出各种各样的作弊手段和工具，就以为高考作弊盛行、十分黑暗一样。科举制有其复杂性和局限性（如难以考察德行和只重考场成绩不重平时水平等），而一些考生和官吏则利用了其局限性。在传统中国社会，宗法关系强大，人际关系复杂，无论采取何种取士制度，都可能出现舞弊情况，相对而言，科举考试是最为刚性的选才制度。

---

① W. A. P. Martin, *The Lore of Cathay or the Intellect of China*, Edinburgh：Oliphant，1901，p. 326.

　　总体而言,作为国家"抢才大典",科举考试具有权威性和严肃性,考官和举子也都高度重视,1300 年间的多数时候科场中也秩序井然。欧阳修《礼部贡院阅进士就试》诗云:"紫殿焚香暖吹轻,广庭清晓席群英。无哗战士衔枚勇,下笔春蚕食叶声。"①此诗将科举考试的庄严和答卷时的静穆情形生动地描写了出来。与此描述类似,1903 年光绪癸卯科河南乡试,河南总督陈夔龙入闱监临,也描述了贡院中的考试情状:"比时场内人数以万计,灯笼火伞以数千计,堂上堂下火光烛天。而凡百执事视动俱寂,几若衔枚战士,万马无声。亦似有文昌魁斗,临在上而质在旁者。此无他,功令本极严肃,人心先存敬畏。奋多士功名之路,实隐寓天人感召之机。"②可见尽管当时科举制已经风雨飘摇,但在河南贡院内举行的末科乡试仍然十分严肃认真。

六、女性无权应考非科举之罪

　　过去有不少人指出科举制不允许女性报考,将半数人口排除在外,说明科举制根本不平等。其实,这又是一种误解。

---

① 《欧阳文忠全集》第 2 册,卷一二《礼部贡院阅进士就试》,上海:中华书局,1936,第 7 页。
② 陈夔龙:《梦蕉亭杂记》卷二,北京:北京古籍出版社,1985,第 70—71 页。

在科举时代,妇女确实被排除在选拔范围之外,但这并不能归罪于科举,因为除了少数宫廷中的官员(并非一般意义上的官员),中国以及绝大多数国家古代都不设女性官员,在这种情况下,科举怎么会招考女性呢? 当时不可能有这种制度安排。科举制只是选拔官员的途径或手段,妇女不能应考,并非科举制的罪过,而是没有这种社会需求。所以说,透过现象看本质,把妇女排除在外不应怪罪科举,归根结底是由于帝制时期的政治制度和官员结构使然。在那个年代,无论采用何种选官方式都不可能将妇女包括在内。

科举时代有许多对科举制的批评,也有各种各样的改革建议,但 1300 年间从来没有人提出应该允许女性参加科举。不是中华民族的祖先没有创造性,不是我们的先民故意限制女性报考。科举制度的创制者或改革者再有创意,也不会将女性包括到考生中来,因为在父权时代或男权时代,各级政府中本身就没有设女性官员,科举怎么会去招考女性呢? 古人也会有各种奇思妙想,例如《西游记》中会构想出一个女儿国。古人也不是全然想不到要为女性开辟科举的途径,例如清代有叫作《女开科传》的小说构想出专门的女性科举,清末小说《续镜花缘》也构想出武则天开女子科举直至发榜的情节。当太平天国政权中设有女性官员时,便有关于类似女子科举的记载。只是一般情况下,传统社会遵守男主外、女主内的家庭分工,政府中没有女官,科举自然不会招考女性。

可以肯定地说，女性无权应考并非科举之罪。没有科举制，中国古代妇女也一样无权参政，这是古代社会性质所决定的。西方国家中最早的是新西兰到 1893 年妇女才开始有选举权，英国到 1918 年才赋予妇女选举权，我们怎么能要求 19 世纪以前一千多年间的中国科举招考女性并给予其参政权呢？

或许是因为相对于古代社会的其他制度，科举制确实比较公平，于是不少批判科举的现代人总想找出科举也有不公平的方面，因而连妇女不能应举做官的账也想当然地算到科举制头上，这实在是冤枉了科举制。

物不平则鸣。为科举正名，就是为科举鸣不平。还科举一个公道，也就是还历史一个公道。为科举正名，并非一味为科举制唱赞歌，而是为了还科举制的本来面目。本书有理有据地辨析科举评价中的许多误区，是在大家都熟悉批判科举的言论情况下的论证。确实，科举制的局限和缺点谁都无法否定，科举制的贡献和优点谁都不应否定。过去由于对科举了解不够，因而人们对其产生了偏见。为什么要正说科举？因为我不仅知道大家早已知道的科举故事，而且还了解许多人不知道的科举真相。例如，因为将科举看成洪水猛兽，所以人们对袁世凯带头呈上废科举的奏折一事便充分肯定，但有几个人知道袁世凯在民国初年还实行过"洪宪科举"呢？

为科举正名、消除人们对科举制的误解是一项十分艰巨的任务。经过 20 世纪 80 年代初以前长期片面的批判，科举是恶制的观念已经普遍形成,其后遗症相当严重,造成的偏见短时间内难以消除。观念的樊篱就是真相的障碍、学术发展的樊篱。不应将脏水都泼到科举头上去。我们应该反思的是,在貌似进步和革命的表象之下,我们是否习惯于多年来形成的单一思维定式?是否遵循非黑即白的逻辑方式?理论上说科举不是最好的选拔人才的方式,可实际上却找不到更好的选才方式。考试竞争具有普遍的、永久的价值,虽然科举制度中的考试内容如今已被历史所抛弃,但其制度设计所体现的才学本位和公平竞争的精神,越来越显示出无尽的生命力。

第四章

正说科举之原因

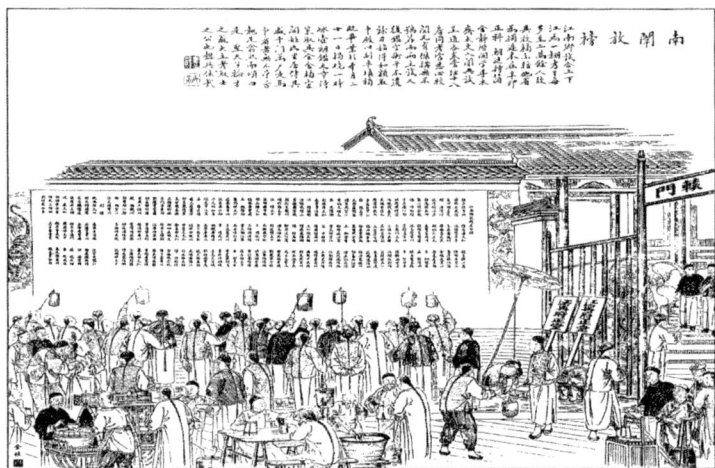

南闱放榜图

为科举制平反的观点由来已久。从梁启超、孙中山等政治人物到胡适、钱穆等一流学者，都曾对科举制有过赞誉之词。特别是 20 世纪 90 年代以后，为科举制平反，在中国学术界已成为一股思潮，成为一个趋势。为什么会出现这种现象？具体分析，正说科举大概有以下几方面的原因。

一、全面研究的结论

过去在总体否定科举的时代，中国对科举重在批判，很少有人研究科举。随着当代研究科举的学者的日益增多，对科举制的评价总的来说已越来越冷静和客观，越来越理性和公正，基本上出现了一个规律性的现象，即一些不研究科举的人仍觉得科举很坏，而研究科举的人往往发现它并不太坏。现在主张为科举制平反或肯定科举的学者，基本上都是在研究科举之前对其只有坏印象，在研究科举之后却对其有了好印象。

　　到底是科举太坏,还是人们对科举的偏见需要纠正? 如果不再受清末单一的科举批判观的羁绊,不再戴着有色眼镜去看科举,我们会发现许多以往见所未见的称赞科举的资料。只要深入全面地研究科举制,便会对科举制作出理性而全面的判断,看出科举并不完全是腐朽没落的丑物。有论者认为:"科举取士确是封建时代所可能采取的最公平的人才竞争机制,是选官任能的最佳形式和途径,是最大程度上吸引知识分子,尤其是社会中下层人士加入国家政治行列的最优制度。"科举制是封建社会的"平民政治",不仅使选拔官员有一个文化知识所要求的衡量标准,而且把知识的深浅高低同获得权力、财富地位结合起来,这可以说是我国最早出现的"知识经济"或"知识政治"。① 总体而言,对科举制研究越多越深入者,对科举制的评价越与传统定论不同。

　　清末废科举时的批判言论,有不少是高度情绪化的、以偏概全的。后来许多人对科举制的批判也只是人云亦云。例如,关于科举是否能够选拔真才的问题,人们往往举出蒲松龄多次乡试未中来说明科举压抑或遗漏人才。其实,许多个案千差万别,个别不能否定一般。1882 年,有位西方人便指出:"在科场失意者中,也经常能发现那种颇有文学才能的人,著名的《聊斋》作者即是一个明例。必要之时,他的不幸遭遇总被人们作

---

① 陈必龙:《状元论》,北京:华文出版社,1999,第 29—33 页。

为那种富有才华而未能在科考竞争中出人头地的榜样,不厌其烦地引用。毫无疑问,许多颇具管理才能和其他才能的人也经常被命运作弄,在个人生活的道路上走着一条同样失望的路。但就全局而言,竞争考试的结果还是对社会有利的。"①

当不再跟在清末人士后面人云亦云,而是全面、系统地从不同的侧面研究科举之后,许多人发现科举并不像原先印象中的那么坏。当代科举研究中出现一种规律性的现象,即大多数科举研究者都较为肯定科举的作用。翻开已出版的六十余本关于状元的著作,其序言或前言、后记大体都愿意肯定科举的客观历史作用。例如,有的学者指出:"近代以来,不少人完全否定科举考试的积极意义,认为科举考试不能造就人才。那些未曾全面深入研究过历代科举考试情形的人这样说,是信口开河;若认真研究过的人也这样说,则是片面与偏激。"②

有比较才有鉴别。为了真正理解科举制,有必要将其与中国历史上其他选拔人才的办法加以比较,也有必要与同时期西方国家选拔官员的制度进行比较,还可以与中国现代的考试制度和人才选拔办法加以比较。因为,我们不应就科举谈科举,谁如果只研究中国的科举制,谁就永远无法全面理解科举制。

---

① Herbert A. Giles, *Historic China and Other Sketches*, London: La Rue, 1882, pp. 255—256.

② 周腊生:《宋代状元奇谈·宋代状元谱》,北京:紫禁城出版社,1999,第 4 页。

　　比较一下清朝末年中国人对待书院的完全否定态度和后来书院评价的变化，更可以认识为科举制平反的观点。书院的命运与科举十分类似。书院在其存在的一千多年历史上，大部分时间都是进行教育活动的场所，虽然也有其局限，但总体而言，书院的积极意义还是主要的。但是，到了清末，多数书院都变成应举的预备机构，也被人们视为与学习西学为主的学堂相对立的旧学的堡垒。在当时特定的时代背景中，似乎学堂代表进步，书院代表落后，尽管有些新式书院实际上是在教育新学。在戊戌变法期间，康有为不仅奏过《请废八股试帖楷法试士改用策论折》，而且也上过《请饬各省改书院淫祠为学堂折》。当时许多有识之士也对书院的弊端大加抨击，例如熊希龄等人所呈《湘绅公恳抚督院整顿通省书院禀稿》，便详细列举过清末湖南众多书院的各种积弊。到1901年9月，朝廷发布上谕，令所有书院一律改为学堂，宣告书院这一中国传统的教育组织形式退出了历史舞台。

　　书院被彻底否定之后的相当一段时间，其在多数中国人的心目中也是一个负面的名词。1949年以后直到"文革"期间，书院基本上也是被否定的旧事物。只是在20世纪80年代以后，人们才逐渐认识到书院其实是我们的国粹之一，它在清末被西式学校所取代，并不意味着总体上应该被否定。理解了这一点，我们也就较易理解为什么科举制被废止，并不意味着科举制就该被彻底否定。①

二、论从史出的必然

　　当解脱以往"以论带史"或"以论代史"的教条,不再先入为主认定科举是恶制,本着"论从史出"的治史态度,冷静客观地研究科举,人们便很自然会得出为科举平反的结论。众多学者改变原先对科举的错误认识是在深入研究之后论从史出的结果,具有一定的必然性。

　　经过研究,许多人发现原来对科举的坏印象是清末为废科举而矫枉过正并将其说得一无是处而形成的。有学者认为,科举制在某种意义上来说是儒家有教无类理想的产物,它确定了以才选士的原则。科举制被许多人称为"糟粕文化",可它却引起了古代东南的文化革命。当选定"科举教育与东南文化开发"这一命题进行讨论的时候,其才发现这一命题会引起对科举制度传统价值观的重新评价。其得出与传统价值观不同的结论并非有意的挑战,而是如实地展现科举制对东南文化开发的影响而已。② 还有学者认为,在中国传统文化中,科举制在

---

① 参阅刘海峰《为科举制平反不等于否定废科举》,《北京大学教育评论》2008 年
　　第 3 期。
② 徐晓望:《论科举制度与中国东南文化的开发》,《东南学术》1998 年第 6 期。

中国近代遭受到的对待恐怕是最缺乏理性的。法国史学家托克维尔（Alexisde Tocqueville）在其《旧制度与大革命》一书中有句名言："我开始研究旧社会时对教士充满偏见，我结束这一研究时对他们充满敬意。"这句名言同样适合科举制。①

大多数提出为科举平反的学者原来对科举也充满了偏见，在研究之后却对其有了敬意，这并非故意标新立异，而是实事求是、论从史出的结果。大凡一个人研究某个问题久了以后容易产生一定的感情，或者可能稍稍夸大研究对象的重要性。但如果研究对象是宦官制度、缠足陋俗、鸦片恶习，则无论研究多久，一般人也不会去赞美它，只会增加对阉割、缠足等泯灭人性的残酷做法的痛恨。20世纪初，人们将八股视为与缠足、鸦片同一类的丑恶的东西，扫进了历史垃圾堆。但科举并不等同于八股，在20世纪末还将科举与缠足、宦官、盗墓等一起列入《黑二十四史》是不合适的。

科举是一种复杂的文化现象。然而，在现代中国人对传统事物的看法中，科举大概也是被误解最深的制度。过去中国基本上没有人不觉得科举是一种坏制度，许多人不必了解科举便会写"振振有辞"的科举大批判文章，现在许多人认真研究科举之后却不会写慷慨激昂的科举批判文章。

之所以要正说科举，是因为我们不仅要知道对科举的反说

---

① 蒋德海：《科举制在中国近代的遭遇》，《复旦学报（社会科学版）》1996年第5期。

或戏说,而且还应明了许多人不知道的科举真相。当我经过多年研究,知道科举时代大部分著名人物都是进士出身,知道古代多数人都肯定科举,当我了解到 1902—1904 年的科举制已经向近代文官考试制度转变,了解到将科举制最后推上绝路的张之洞后来却感到某种程度的懊恼和惊恐,带头奏请废止科举的袁世凯后来又曾实行"洪宪科举",当我了解到清政府在 1910 年已拟好《文官考试章程》并准备实施,孙中山高度评价科举、到处演讲肯定科举制,当我知道韩国人对科举文化的肯定和重视,当我知晓西方学者对科举的世界影响的高度评价之后……我对科举制的激愤情绪自然冷静了下来,自然而然对科举有了正面的评价。

为科举正名,需从历史实际出发,用资料说话,用事实说话,尽量还原历史真相,呈现历史的本来面貌。我们应尊重科学研究所得出的结论,如果结论是从史实中得出的,即使与原有的观点不一致,也得放弃成见去承认。正像胡适所说的,有几分材料说几分话,有七分材料不说八分话。我们不夸大也不遮掩,用丰富的史料强有力地支撑"为科举正名"的论点,让古人为自己说话。对科举研究得越多,离盲目批判科举就越远。随着研究的深入,许多研究者越来越感到科举制是凝聚着中华历史上众多文化精英无数智慧的一项制度创造、一个重大发明。

三、知今通古的反思

　　过去的已成为历史,但历史并没有完全过去,历史上出现过的一些事物常常延伸至和潜藏于当下的现实之中。与"观今宜鉴古,无古不成今"相似,我们还可以说:"通古宜知今,有今方成古。"了解现在的考试也有助于理解和反思古代的一些制度和史实,因此鉴古可以知今,知今有助于通古。关注现今考试改革中出现的一些争论和问题,能使我们对科举制的了解更为客观而深入,从而可以较全面地看待科举。观察现在的考试和人才选拔制度,有了正反两方面的经验,再回过头来看科举制,往往对科举制的印象便与从前有所不同。

　　经过清末人士的过滤筛选,科举制的"历史"已被凝固为图书馆中的一本本书籍,当代人对清末废科举的言论往往不加辨析就全盘接受。举例来说,康有为批评当时进士翰林"竟有不知司马迁、范仲淹为何代人,汉祖、唐宗为何朝帝"的说法,应该是举极端的个别例子。因为科举考试不一定能将所有最有才华者选拔出来,但至少可以将确实无能者淘汰掉。明清时期考科举要通过三场竞争激烈的考试,须精通八股文、策、论、表、判等,而要想作好这些文体,非熟读基本的经史辞章不可,很难想象一个不知唐宗汉祖的举子能够过五关斩六将考上进士,除非他是通过作弊手段。这就像现在获得博士、硕士学位者大多数文化水平要比未接受过高等教育的人高，虽然不排斥个别混文凭者，但一般情况下，既然研究生入学要考外语，如有哪位获得博士头衔者连英文 26 个字母都不认识，估计他便是通过不正当手段猎取学位者。由此推想，所谓不知唐宗汉祖的进士，要么是特别的例外，要么就是通过作弊骗取科名者。因为我们从大多数流传下来的史料中，尤其是从清代进士留下的书画中，都可以看出进士群体深厚的文化素养。①

清末西学初入时，个别举子在策论试卷中将拿破仑误解为"拿破轮"，被现代许多论著当作参加科举的考生都很愚蠢的证据。其实，在近代民智初开的阶段，个别考生不知拿破仑为何许人一点也不足为奇。20 世纪 80 年代中期以前参加过高考评卷的教师都知道，若要将每年高考答题中的笑话一一举出，比"拿破轮"更可笑的事例还多的是，即使是现在各类大规模考试的试卷，也还能找出不少可笑的回答。然而，个别不能否定一般，极少数举子不知唐宗汉祖为何人，并不能否定考上进士者多数具有较高学识这一事实。可是以往很多人都将康有为等人举出的极端个别例子当作一般情形，进而否定整个科举制度的选拔效能，这实在是误解了科举制。

从考试实施的层面看，八股文的特点是命题容易答题难，

---

① 参阅刘海峰《知今通古看科举》，《教育研究》2003 年第 12 期。

"四书""五经"是题量巨大的标准化作文考试题库。特别是"四书",随便从中抽出一句话、一段话、几段话、整章,甚至半句话、一个词,都是一个现成的题目,因此也不时有皇帝为会试或顺天乡试钦定"四书"文题之事。就像现代高考语文中的标准化试题一样,一开始命题教师根本不必出一些偏难琐碎的题目,就足以区分选拔出优秀的学生,当用教材中一般常见的重要内容作为试题已无法拉开区分度时,只好逐渐开发出较偏的试题。当我们了解现今考试制度的实际运作情形后,也就较能理解在教材和内容不变的情况下,为什么清代八股文会走向穷途末路。

例如,关于科举与社会阶层流动的关系及科举制是否公平或平等的问题,海内外学术界长期以来存在着激烈的争论。有的学者认为科举制并不平等,不仅考察举子本人的家庭出身,还连带考察其姻亲一方甚至朋友关系,以至得出科举制下社会阶层流动率不高的结论。我认为,这具有强调实质性机会公平的倾向,而这种实质性公平在现代社会也很难达到。公平的含义十分复杂,通常分为起点公平、过程公平与结果公平。要实现结果公平,即实质性教育机会平等,不分民族、性别、出身、禀赋等,都可以同等地获得进入大学的机会,这在现实社会显然是不可能的。当今世界还没有任何一个社会或制度能够完全消灭经济和文化条件的差别,而人与人之间的天资和非智力因素也有无法完全扯平的差异。美国曾实行补偿教育政策,由政府拨款向少数人种、弱势群体实施各种倾斜政策,如规定不利人群的入学比例、校车接送、经济援助等,但后来发现效果不大,教育结果的不平等仍然存在。现实社会很难做到起点公平和结果公平。只要看看我们当今的世界,有哪一个社会真正做到了起点公平和结果公平呢? 而且可以说人类社会永远都不存在、也做不到绝对的公平。能达到过程公平或程序公平就已不简单了,而古代科举制的难能可贵之处在于其至少基本上做到了程序公平,而且宋代以后进士出身于平民家庭的比例并不低,尤其是在清代中期以前。

又如,近年来关于考试利弊存废的争论与历史上关于科举利弊存废的多次争论十分相似,关于高考各省不同的录取分数线的争论问题,也与北宋及明代的科举地域之争如出一辙。了解当今主张一切以考试分数决定录取名额与主张分省定额录取的两派意见,对我们理解司马光和欧阳修的分区取人与凭才取人之争很有益处。考试公平与区域公平在中国考试史上是一个千古难题,这种两难问题没有十全十美或两全其美的解决之道,只能使矛盾的两端取得一种相对的平衡。知今有助于通古,借助对现代考试问题的了解,我们能够更清楚地看出科举制的本来面貌。而且,评价科举制要将其置于古代社会背景中去考察,从政治角度来看,科举制当然不如现代选举来得民主,但在传统社会,能够这样开放参政权就已属难能可贵了。

人们往往笼统地说唐宋时期科举考试发挥出较明显的积

极作用,明清以后因为考八股文,弊端较为突出,选才功能下降。其实,就明清时期而言,也存在着前后期的变化。八股文刚开始实行的时候,其测评举子文字功底和思维能力的作用是相当大的,只是到后来水涨船高,考生之间的竞争越来越激烈,考试难度不断加大,数百年教材范围都在"四书""五经"之内,命题万变不离其宗,结果八股文这种标准化考试文体不得不走向作文的死胡同。康有为便说过:"凡法虽美,经久必弊。及其弊已著,时会大非,而不与时消息,改弦更张,则陷溺人才,不周时用,更非立法求才之初意矣。"①物盈则亏,法久终弊。任何制度都需要与时迁徙,不断改革。唐代开成初年(836),唐文宗与宰相郑覃讨论进士科和机构改革时,曾指着面前的香炉说:"此炉始亦华好,用之既久,乃无光彩。若不加饰,何由复初?"②确实,无论多好的制度,实行时间一久,难免出现弊端。但应该承认科举制度本身是设计得非常精密周严的。

今人之视古人,犹后人之视今人。以往人们将清末废科举的激烈言论当成是古代多数人对科举制的看法,这就好比当代只看主张废止高考一派的人提出的论点一样。如果不是在1977年恢复了高考,当代人对高考的认识只停留在"文革"前夕对高考的看法上,或者只选取当时批判高考的言论,那么就

---

① 康有为:《请废八股试帖楷法试士改用策论折》,见中国史学会主编《戊戌变法资料丛刊》第 2 册,上海:神州国光社,1953,第 208 页。
② 〔后晋〕刘昫等:《旧唐书》卷一七三《郑覃传》,第 4491 页。

会给人留下高考一无是处的印象，得出高考是一种罪大恶极、必须废除的制度的结论。

如果只看清末废科举时经过筛选的情绪化言论和后来人云亦云的历史教科书，那么科举制的确很坏。如果只看一个时期一个方面的言论，后代人会以为当今民众都认为高考是一种"人神共愤的考试"①。而实际上当今多数民众和许多专家认为高考是一种相对较好的选拔人才的办法，是现代中国社会中难得的相对最公平的一种制度。中国古代多数人也认为科举是一种相对最好的人才选拔办法，否则科举制怎么可能多次短暂废止之后又不得不恢复，前后存在 1300 年之久？

古往今来的实践一再证明，实行考试制度有其弊病，但废止考试制度必将造成更大的祸害。废弃统一考试之后，才更显出考试的必要和价值。实行统一高考制度七十多年来，尤其是 20 世纪 90 年代以后，确实出现考试领导中学教学、智育一枝独秀、压抑求异思维等问题，并有过废止统考，改行推荐、全面考核学生中学成绩和表现来决定录取的多次尝试，但每次都以失败告终。因为主观愿望与客观效果存在差异，理论设想与选才实际往往脱节。

在中国这样一个人情社会，为了有效地避免人情与关系的困扰，使社会不至于无序和失衡，先人们发明了考试这种解脱

---

① 孙绍振:《炮轰全国统一高考体制》,《粤海风》1998 年第 5 期。

人情困境的法宝,并在长期的实践中将考试的重要性强调到无以复加的程度。在重人情、关系、面子的中国传统文化环境中,发展到以考试分数为主要录取依据,体现了一种不以人的主观意志为转移的客观趋势。采用考试选才便是采用公平竞争手段。由于能破除血统论、解脱人情困境,让所有应试者接受同样的挑战,将个人的才学和能力放在首位,考试选才历来被视为可以客观公正地选取优秀人才的公平尺度。因为若不以考试来竞争,就很可能用权力、金钱或关系来竞争,或者采用弄虚作假来竞争。所以说,统一考试是维护公平、维护竞争秩序的有效手段,是适合中国社会和文化国情的制度,它需要不断地加以改革,但不能废止。

历史并不会完全过去,它还会影响现实。实行了 1300 年的科举制虽然在形式上已废止近 120 年,但其精神实质已经成为中国考试文化的重要构成部分,当今公务员考试、高考制度、司法考试中都依稀可以看到科举的影子,历史就以这样一种方式无形地制约着社会与文化变迁的进程。

如果说考试是罪恶的话,那么也是"必需的罪恶"。理论上说考试不一定是最好的选才方式,可实际上却找不到更好的可操作的公平竞争方式,而考试的办法至少可以防止最坏的情况出现。正是现今人才选拔考试中出现的利弊存废争论和各种问题,使人们对历史上科举制的一些问题有了"同情之理解"与"理解之同情",进而认为应该为科举正名。

四、时空距离的因素

中国人对自己民族历史上许多制度和人物的评价,不同时期往往有天翻地覆的变化,爱之欲其生,恨之欲其死,对待科举制也是如此。在科举时代,科名为社会所崇尚。宋代科举在社会上的地位十分崇高,状元登第仪式风光无比,甚至有领兵数十万恢复幽州蓟州、班师凯旋都不可与状元相比的说法,以至出现"榜下捉婿"或"榜下择婿"的习俗。明末清初在中国居住过 22 年的葡萄牙人曾德昭(Alvaro Semedo)说:"这些科举考试构成了国家最重要的事务,因为它事关权位、声望、荣誉及财富。它们是大家关切地注意的目标,是大家关怀备至、魂系梦萦的事物。"[1]但是,到了清末改革科举尤其是准备废科举的时候,科举被视为落后、腐朽的象征,一些人恨不得将其置于死地。

由于科举制的利弊都十分突出,在科举时代,有时关于科举利弊存废的争论已十分激烈。只是身处科举时代的人对科

---

[1] 曾德昭 1667 年在里昂出版的法文著作《分成三个部分的中国通史》第 8 章,第 61 页。见 Ruth Hayhoe and Marianne Bastid ed., *China's Education and the Industrialized World：Studies In Cultural Transfer*, N. Y.：ME Sharpe Inc., 1987, p. 24.

举观察得虽很细致,却不一定很全面。"横看成岭侧成峰,远近高低各不同。"观察一个事物,时间和空间距离不同,看到的景象往往差异颇大。当时空距离拉开之后,尤其是与其他参照系进行比较之后,反而可以看得更清楚。

时代不同,人们的认识也会不同。20 世纪末和 21 世纪初的研究者的学术眼光与 20 世纪 70 年代以前学者的观点也不会一样。清代最后一科探花商衍鎏以 83 岁之高龄写出了《清代科举考试述录》一书,于 1958 年由三联书店出版。该书具有很高的学术价值,详细介绍叙述了清代科举考试的各个方面,看得出作者对科举并非全盘否定,而到全书最后,其所作绝句中却说"科举仅余糟粕在"。在批判科举制的时代背景下,受时代的局限,或许商衍鎏先生那时真觉得"科举仅余糟粕在",或许即使他觉得科举也有某些可取之处可能也不敢或不方便说出来。

20 世纪 80 年代以后,人们的观点逐渐转变。特别是到了21 世纪以来,人们更加注重探讨科举制长期存在的原因和清末废科举的影响,因而往往得出跟以往不同的结论。当与废科举的时间距离拉开一百多年之后,我们可以更为客观冷静地看待科举制。离"文革"的时间距离越远,学术界越能够脱离单纯批判科举的思维定式,全面反思科举制的千秋功罪。

科举制实行时间长、前后变化大,且其制度设计与实施结果之间存在一定程度的变异,因此很难简单地说科举制是好还是不好。科举制的职能与功能有相同之处,但也有很大的距离和差异。科举制的职能是指考试选官或为国取士的制度安排或制度目的,功能则是制度运作后的实际效果。在读书至上和官本位的传统社会,科举考试的功能十分强大,远远超出其职能范围,产生巨大的效能,致使科举考试成为指挥棒,左右了当时的政治、教育和世风。科举制的目的是选官,但科举的功能不仅仅是选官,它既要面向职官系统,也与社会秩序的维系、文化传统的传承和教育活动的开展密切相关,当其影响扩大到无远弗届、无孔不入的程度时,利弊都被充分放大,结果使其自身成为中国帝制时代后期矛盾的集合点。

世事沧桑,时过境迁。科举制已经废止了近 120 年,也整整被评价了近 120 年。对科举的评价从片面走向公允与时代的发展变化有关。多年来,中国人对科举制的态度往往深受现实的制约,从对科举不遗余力地批判到主张为科举制平反,从一般的科举研究到"科举学"的构建,皆与时事、社会背景的变迁密切相关。1905 年以来,占支配地位的对科举制的评价意见,主要不是根据科举制的全貌,也常常不是来自学术本身,而是受制于清末人士单一的科举批判观,并源于对中国考试选才的现实利弊的观察与判断。一百多年来,人们据以评论科举制的语境发生了多次变化:从废科举后的反科举语境到 20 世纪 20—30 年代的重建文官考试制度语境,从 60—70 年代的否定传统文化、批判高考语境到 80 年代的恢复高考和重建公务员考试制度语境,再到 90 年代的批判"应试教育"和反思传统文化语境,以及 21 世纪以来的中华文化复兴语境,大体可以看作评价科举制的语境变迁史。语境不同,科举制在评价者心目中的面貌也有所变化。21 世纪初叶,中国对科举制的评价仍处在现实考试所呈现出的积极作用和消极后果的影响之下。

受以往思维定式的影响,一些人想当然地认为:因为科举制是一个坏制度,所以当时才会被废除;如果科举制不是很坏,怎么可能被废除呢? 但有一个道理,需要仔细思考和辨析才容易明白:科举制在清末被时代和历史潮流所否定,并不意味着这一制度应该永远被否定。当离清末的时空距离越来越远的时候,人们便越来越能够认识这一道理。

废科举后才四个月,即 1906 年 1 月,严复在环球中国学生会上发表演说,谈到废科举的重大影响无法估量时便说:"不佞尝谓此事乃吾国数千年中莫大之举动,言其重要,直无异古者之废封建、开阡陌。造因如此,结果如何,非吾党浅学微识者所敢妄道。"①深谙社会进化的严复自称为"浅学微识者",但他的论断其实具有很强的预见性。

余秋雨曾说:20 世纪的许多事情,都由于了结得匆忙而没能作冷静的总结。科举制度被废止之后立即成了一堆人人唾

① 严复:《论教育与国家之关系》,《东方杂志》第 3 卷第 3 期(1906 年 4 月)。

骂的陈年垃圾,很少有人愿意再去拨弄它几下。唾骂当然是有道理的,孩子们的课本上有《范进中举》和《孔乙己》,各地的戏曲舞台上有《琵琶记》和《秦香莲》,把科举制度的荒唐和凶残表现得令人心悸,使 20 世纪的学生和观众感觉到一种摆脱这种制度之后的轻松。但是,如果让这些优秀动人的艺术作品来替代现代人对整个科举制度的理性判断,显然是太轻率了。其中有不少问题,世纪初的有识之士来不及细想,甚至来不及发现。我们现在来弥补,有点晚,但还来得及,而且时间既久,态度也可平静一些。①

多数物体离得越近看得越分明,而有些历史却是离得越远看得越清晰。历史研究距离研究对象太近,虽容易看清其局部,却不易看清研究对象在历史图景中的整体形象。随着科举制离我们渐行渐远,我们比过去越来越能有一个更客观也更公道的评价了。随着时间的推移、语境的变化和视野的开阔,人们对同一历史问题会产生新的看法,因此历史需要不断重写。时代不同,人们的认识也不会相同。20 世纪末和 21 世纪的研究者的学术眼光与 20 世纪 70 年代以前学者的观点也不会一样。

在风云变幻的 20 世纪,对科举制及与之息息相关的中国传统文化的评价跌宕起伏,而在废科举近两个甲子的时候,我

① 余秋雨:《山居笔记(新版)》,上海:文汇出版社,2002,第 212—213 页。

们对废科举的影响应该比 20 世纪初看得更为清晰。而且，对彻底废止一个延续 1300 年且影响重大的科举制的影响，即使是现在，也还不能完全看清楚，或许再过一百年，人们对废科举的认识，要比今天更为明晰全面。

总之，真正要评价科举制这么一个复杂精细、影响重大的制度，需有一定的时空距离。离废科举越久远，人们越冷静客观，看得越清晰全面。科举和书院在清末被时代和历史潮流所否定，儒学在民国初年、"文革"中也曾被彻底否定，但并不意味着这些制度和理论应该永远被否定。对书院、儒学的评价，人们已经改变了以往相当长时期内的片面看法。对待科举，人们也正在经历类似的过程。

五、文化复兴的背景

近年来，中国在全球的经济、政治影响力与地位日渐提升，许多人将之视为中国崛起与中华民族复兴的表征，进而提出了诸如"文化复兴"或"文化自信"等口号，期待中国能成为一"文化大国"。虽然科举制度已经革废一百余年，但其中仍有许多智慧，无论是在对于自身文化的认识上，还是在文化复兴或文化自信上，甚至是在政治意识形态与话语上，科举学的研究都有其时代意义与价值。①

　　有学者指出,在当今各国普遍注重文化输出、注重提升文化影响力与辐射力的时代背景下,中国必须注重提升文化自觉,必须理性对待传统文化,理性评价科举亦应包括在内。纵观一个多世纪以来科举研究的演变脉络,可以发现其总体上走过了一个从冷寂到热门、从"险学"到"显学"、从非理性到理性的发展过程,一个从"文化自在"逐渐走向"文化自觉"的过程。科举作为中国传统社会中的一种重大制度文明,是传统文化中最具有渗透力的一项内容,只要传统文化没有被从整体上彻底否定,则对于科举制的相关探讨一定不会缺位。彻底否定科举制这一中国文化遗产,就是对中国历史与中国文明的一种简单而无知的否定;不正视科举制,就是对中国传统文化缺乏最起码的尊重,是一个民族的悲哀。科举渗入到了中国古代社会的肌肤之内,并以一种"文化基因"的方式遗传至了现代社会,是中国社会的一种文化特质。实际上,彻底否定科举,不仅仅否定了中国的传统文化,同时也将使我们对现代社会的诸多考选景象感到扑朔迷离与无所适从。因此,必须全面、理性地对待科举、研究科举、评价科举,这是文化自觉的一种典型表达方式,否则便是典型的"文化不自觉",是轻视传统文化的一种简

---

① 蔡正道:《科举学对传统文化复兴的意义与启发——以〈科举学导论〉为讨论基点》,《教育与考试》2016 年第 5 期。

单思维方式的表现。①

对科举制的反思关系到对整个中国传统文化的评价问题。清末废科举时,对科举制的评价已经是矫枉过正、以偏概全,但那是历史的必然,当时或许也有此必要。只是现在还需经过一个否定之否定,才能还历史的本来面目。随着对中国古代社会和传统文化认识的加深,我们对科举制的看法也更为全面和客观,不宜再用"凡是……"的否定态度来对待科举,不能人云亦云,而应深入地研究和冷静地思考。不研究科举的人多觉得科举很坏,而研究科举的人往往发现它并不太坏。

科举制被废止的时代,不仅是西方文明与东方文明发生剧烈冲突的时代,实际上也是传统的农业文明逐渐被现代工业文明所取代的时代。在社会进化的过程中,许多传统的事物都逃脱不了被淘汰的命运,例如,马车被动力机车所取代、线装书被西式印刷书所取代、犁被拖拉机所取代……因为在时代飞速发展的情况下,传统社会原有的许多事物已变得落后了,被淘汰是必然的结果。但是,今天我们在看待马车、线装书、犁等东西的时候,应该历史地看其价值与作用。

科举制被废止,并不意味着它就该彻底否定。正如美国学者艾尔曼说的:"帝制晚期的科考制度并非逆时代潮流而动的顽石,它是一个有效的文化、社会、政治和教育系统,满足了明

---

① 刘希伟:《文化自觉与科举学研究》,《社会科学战线》2010 年第 1 期。

清官僚政治的需要,有助于社会结构的稳定。"①只是当西学东渐、国门被迫打开之后,科举制才日益与时代脱节,因此,废止科举是东西方文明冲突的典型事例。②

科举就像中国古代长期存在的城墙,在漫长的岁月中,曾起过保护城市、抵御敌人的重要作用。但是,到了非冷兵器时代,特别是现代,城墙已无法对付空中打击,防御作用已基本不复存在。于是,曾几何时,在旧城改造中,城墙被看成是城市建设的障碍物,不仅阻碍道路交通,而且是保守的象征,因而被无情地摧毁。可是,时过境迁,现在的人们意识到,城墙是一个城市的历史见证物和古老的象征,自有其存在的价值,于是重新修复了城墙。此时的城墙并无古代用于抵御敌人进攻的防御功能,修复城墙是为了还历史的本来面目,为了让今人更好地了解城市的历史。

随着时间的推移和对东西方文化了解的加深,相信国人会越来越明白这个道理:清朝末年在西学东渐的大潮中被时代所淘汰的科举制,是中国传统文化中不可或缺的重要组成部分,是我们民族历史文化的主体内容之一。尽管科举制有许多局限和弊端,但它曾在历史上起过重大的作用,对人类文明进程作出过重要的贡献,是中国不应忽视的一份文化遗产。

---

① Benjamin A. Elman, *A Cultural History of Civil Examinations in Late Imperial China*, Berkeley: University of California Press, 2000, p. xx.

② 参阅刘海峰《外来势力与科举革废》,《学术月刊》2005 年第 11 期。

第五章

科举制的千秋功罪

科名牌坊

　　科举考试是一把锋利的双刃剑,其积极作用与消极影响皆十分显著,其利弊和影响是复杂而多方面的。科举制的千秋功罪难以估量,我们很难准确地说是否功过参半,这是一个不易用四六开或对半开来量化分析的大问题。确实,科举制的局限和缺点谁都无须否定,科举制的贡献和优点谁都无法否定。大体而言,科举制对中国历史和文化有以下五个方面的重大影响。

一、维护统一与压抑个性

　　在科举时代,科举影响到社会的方方面面。南宋洪迈《容斋随笔》一书记载当时流传的得意、失意诗两首说:"旧传有诗四句夸世人得意者云:'久旱逢甘雨,他乡见故知。洞房花烛夜,金榜题名时。'好事者续以失意诗四句曰:'寡妇携儿泣,将军被敌擒。失恩宫女面,下第举人心。'此二诗,可喜可悲之状极矣。"①金榜题名与应举落第成为人生四大快事与四大悲事之一,足见科举在宋代社会影响之广泛。社会大众高度崇重科举,广大读书人便按国家统一规定的考试内容和方式积极备考参加科举。

科举制维护国家政治和文化统一的功能十分强大,它在全国采用相同的考试教材、考试文体和考试时间,使全国各地统一意志、统一步调、统一行动。科举制度既是中央集权的产物,又是维护国家统一和巩固中央集权的制度保障。唐代各地的举子,每年都有机会赴首都长安参加明经和进士科的考试,北宋中叶以后三年一开科,全国各地精英人才也集中到京师与考。宋代以后,中国再未出现春秋战国或魏晋南北朝时期那样长期分裂、割据的状态,这与科举制的实行有相当密切的关系。

明清时期乡试是全省科举生员三年一度的大聚会,各外地府县举子经过艰难跋涉,提前来到省城,直到参加乡试,许多人还要等待发榜,前后会在省会居住一两个月时间。这为各地举子的交流观摩提供了很好的机会,也是文化融合的一个重要场域。会试是全国举人的大聚会,各地赴京师的旅途比到省会遥远得多,边远省份到京城往往要走三四个月,在京城前后也要住上一两个月。这种聚会使各地举子声气相通,赴考期间可以

---

① 洪迈:《容斋随笔·四笔》卷八《得意失意诗》,长春:吉林文史出版社,1994,第560—561页。

互相观摩比较、学习竞争，进而达到融合同化。尽管中国领土辽阔、方言众多、风俗各异，且中国人地方观念相当重，但若想中举及第，就须研读相同的儒家经典，使用同一种文字写诗作文，这也就必然使文化趋同融合，对形成中华民族共同体起到重要的作用。

美国在华传教士丁韪良在 1896 年曾指出："尽管具有其缺陷，科举制对维护中国的统一和帮助它保持一个令人尊敬的文明水准，起到了比任何其他制度更大的作用。"①科举考试具有提升文化教育水准、维护朝廷向心力、促进社会阶层和区域流动的功能。明清两代在根据各地户籍多寡和文风高下规定不同的中式限额的情况下，为了提高边远省区的人文教育水准，有意照顾边远省份和民族地区，对诸如云南、贵州的乡试增加举人录取定额，采取了较优待的措施，增加了这些地区和少数民族对中央政府的向心力，有利于国家的统一与中华民族凝聚力的加强。

清代对参加福建乡试的台湾举子也有额外的照顾，其中最突出的一点是对台湾府县的科举生员另编字号实行定额录取，举人中额从康熙时的一名增加到咸丰以后的八名。发展到从乾隆以后，规定在会试一级，于福建省名额内专门编出"台"字

---

① W. A. P. Martin, *A Cycle of Cathay: Or, China, South and North, with Personal Reminiscences*, Edinburgh and London, 1896, pp. 42—43.

号,如台湾籍会试举人在十名以上,就可以取中一名进士。会试对台湾举人专列名额录取在全国各地中是独一无二的。设立保障名额的优待办法使台湾士子欢欣鼓舞,更加热衷于渡海来大陆参加乡试和会试,增强了台湾民众对中央政府的向心力,有利于闽台文化的交融。

1947 年 10 月 21 日,胡适在南京考试院作了题为《考试与教育》的演讲,指出:考试制度与国家的统一,也有很大的关系。从前的交通非常不便,在古时那种阻塞的情形下,中央可以不用武力而委派各地以至边疆的官吏,来维持国家的统一达两千多年,这实在是有其内在的原因,就是由于考试制度的公开和公平。当时中央派至各地的官吏皆由政府公开考选而来。政府考选人才固然注意客观的标准,同时也顾及各地的文化水准,因此录取的人员并不偏于一方或一省,而是遍及全国。在文化水准低的地方,也可以发现天才,有天才的人便可以考中状元,所以当选的机会各地是平等的。①

另一方面,科举这种统一大规模考试,在贯彻公平选才的同时,其天然局限就是无法测出个性独特及具有某方面特别专长者,容易抑制求异思维。科举考试的内容以"四书""五经"等儒家经义为主,考生对儒家经典的阐释只能遵守朱熹的《章句集注》,不能有所变异和自由发挥,作八股文则规定以古人的口

---

① 胡适:《考试与教育》,《中央日报》1947 年 10 月 24 日。

气"代圣贤立言",并定有严格的规范和格式。士人要想通过科举入仕实现"修齐治平",就必须服膺当朝统治,放弃自己思想的独立性。这种统一考试制度在一定程度上抑制了士人的思想自由和发散性思维。

文化的繁荣离不开创造性和多元性,在科举考试的功能十分强大之时,其便像压路机一样可能将特长和个性碾平,不利于发明创新和学术的多元发展。这一消极后果在一定程度上束缚了学术的进步和文化的昌明。因此,科举对中国文化的影响是一分为二的。

二、贤能治国与做官第一

从隋唐到明清的 1300 年间,科举在当时社会上占有重要地位。科场连着官场,科场的风云变幻,往往与官场息息相关,因此科举是"帝制时代中国最为重要的一项政治及社会制度"①。

明清两代乡试每三年一次,在中秋前后举行,是乡试年份全省的头等大事。从参与组织乡试的官员群体便可以看出乡试有多重要。主考官、副考官由中央指派,从京城到各省贡院

---

① 李弘祺:《宋代官学教育与科举》,台北:联经出版事业公司,1994,第 14 页。

来主持乡试。从踏上该省地界到进入贡院,都有专门的迎接仪式和待遇,到省城后还要由巡抚迎接、按仪制送入贡院。按清代制度规定,主管乡试考务的总负责人是监临官,或称监临部院,通常由巡抚担任,也就是相当于现代的省长担任监临官。而其身为全省的最高行政长官,在贡院中总管考务工作,竟然可以从农历八月初六日起十余天时间关在贡院中,与外界完全隔绝,不理其他任何事务,就只是专门监督和总管乡试的考务工作,一心一意为乡试的顺利进行提供保障。加上外提调官、外监试官、提调官、监试官、内监试官,以及参加乡试评卷的同考试官、内收掌试卷官、弥封官、誊录官、对读官、外收掌试卷官、场内总理供给官、场内协办供给官、东西文场巡绰官、场内总巡官、监临院武巡捕官、至公堂听候差委官一干人等,许多管理考试的官员皆由府州县官员担任,他们都要放下所有行政事务,自入闱起至放榜止,关在贡院中忙上一个多月时间,而在此期间全省行政事务基本上都处于停摆状态,由此可以想见乡试是多么重要。

清代进士及第后,要在太和殿举行隆重的传胪大典。进士唱名之后,自大学士至三品以上官和新科进士向皇帝行三跪九叩礼。礼毕,由礼部尚书将大金榜放置在彩亭中的云盘内,导以黄伞,鼓吹前行,由太和门送至东长安门外彩棚张挂。状元、榜眼、探花随榜亭至东长安门内,顺天府尹于此处相迎,为他们进酒、簪花、披红,亲自送三人上马。在状元游街仪式中,三鼎甲沿午门、天安门等中门，从紫禁城中走出来，排场很大——这些中门只有皇帝在登基和大婚仪式时才可以走，其他任何官员，即使是宰相也不能走，由此可以看出清代的进士发榜礼仪有多么壮观，对三鼎甲的礼遇有多么崇高，这也是科举"抢才大典"重要性的有形体现。之所以对科举考试和进士如此重视，是因为国家对科举选拔出来的人才寄予厚望，希望他们成为治理中央和地方的贤能之士。

科举制是具有世界影响的中华文明产物，先秦时期的贤能治国学说为科举制的出现奠定了理论基础。《论语·子张》记载的孔子弟子子夏所说的"仕而优则学，学而优则仕"，典型地反映了孔门师生主张贤能治国的理想。科举制正是将"学而优则仕"的儒家政治理想付诸实践的结果。在《墨子·尚贤》篇中，墨子提出了一个颇具民主色彩的"尚贤"主张："官无常贵，而民无终贱，有能则举之，无能则下之。"这种认为人人生而平等、以才能高下作为社会定位的标准的观点，将贤能治国说直接明白地宣示出来，达到了尚贤思想的极致，为后来贤能治国理论付诸制度实践作了充分的舆论先导。

科举制具有强大的政治功能，对古代国家治理、维护统治基础和社会秩序起了重要的作用，对中国官僚政治也产生过不可估量的影响。从唐代以后，科举政治逐渐形成，科举出身成为各个朝代首要的做官途径，中高层官员大部分是进士出身，历代名臣多由科目登进。科举以经史诗赋文章为试题考察举子的才学,所选拔出来的人才大多数也确实具有相当高的文化素养。总体而言,进士出身者较为熟悉儒家统治理论和历代兴衰经验,受修齐治平、经邦济世的观念影响较深,具有较好的政治素质,因而许多进士出身者入仕从政之后,也真正能发挥出才干,管理好兵、刑、钱、谷,为官一任,造福一方。在国家危亡的关键时刻,他们往往比常人更重名节和民族大义,勇于挺身而出,报效国家。

作为一种自由报考的选拔性考试,科举制至少在程序上给所有考生提供了公平竞争的机会,世家大族无法垄断仕途,因此有"富不过三代"的说法。在科举时代,实行精英治国或贤能治国体制,能否当官以才学为依据,"学,则庶人之子为公卿;不学,则公卿之子为庶人"①。官宦人家的子弟也只有通过科举才能使其家道不致中落,若无法延续科举成功,则无法保住其家庭的政治和经济地位。而一些普通士人通过科举,"朝为田舍郎,暮登天子堂",青云直上至中高层官员,形成了相当大的社会阶层流动,使政府官员的结构多样化,这种官员成分的不断更新有利于保持活力和清明吏治。任官授职有比较刚性的资格标准,因此可以保证政府官员具有较高的文化素质,并在相当范围内大大减少了买官卖官、任用私人的机会,至少在政府机构的入口处限制了植党营私的机会,这也是为何科举会被

---

① 出自宋人柳永《劝学文》。

西方国家文官考试制度借鉴而成为中国的"第五大发明"的原因。

在奉行官本位的中国古代,参加科举是士人获得社会地位和经济利益的主要甚至唯一的途径。"满朝朱紫贵,尽是读书人"的客观事实,自然会使人们信奉"少小须勤学,文章可立身"的劝学格言。"十年寒窗无人问,一举成名天下知",范进中举之后,不仅亲朋完全改变了对他的态度,而且他很快就富贵了起来,这种科举时代戏剧性的"中举效应",使许多人确信"书中自有黄金屋,书中自有颜如玉"。正如有位西方学者说的:"明清时,考试几乎是入仕途的惟一方式,无论我们今天如何认为仅凭一篇文章来测试一个人的才能的机制是否合适,但它终究给有才华的人、而不是有钱有势的人打开了大门。在这方面,中国人比我们近几百年才对大众进行竞争性考试的西方人先进了几个世纪。民国建立后,这种机制有所退化。"[①]科举对当代国家公务员考试的影响,既有文化与精神上的明显存留,也有政治制度上的鲜明痕迹;既与本土现、当代公务员制度有承继关系,也与西方近、现代文官制度有渊源关系。因此,无论从哪个角度或从何种层面来看,研究科举对于当代中国政治体制

---

① 〔美〕刘易斯·查尔斯·阿灵顿:《古都旧景——65 年前外国人眼中的老北京》,赵晓阳译,北京:经济科学出版社,1999,第 94 页。

尤其是公务员制度的建立与改革都大有裨益。①

另一方面,科举制为士人开放了入仕的机会,因此使官僚政治得到强化,使"做官第一"思想在中国根深蒂固。在科举社会,"万般皆下品,唯有读书高"的观念深入人心,而读书的目的就是应举入仕。科举制的长期实施,使广大读书人相信举业至上,养成了对当官的向往和迷恋心态。科举制客观上帮助了唯书、唯上的心理定式的形成,这对中国社会有着长远的消极影响。直到 1905 年科举停罢之后,有相当一段时间,法政专门学校和学生数占了全国各类学校和学生数的一半以上。据清末学部《宣统元年分第三次教育统计图表》所载资料,1909 年,在全国各省 104 所专门学堂中,仅法政学堂就有 46 所,占总数的 44%;学生数达 11688 人,占专门学堂学生总数 18639 人的 63%。据民国初年教育部总务厅编《中华民国第五次教育统计图表》所载,1912 年法政专门学校有 64 所,占全国专门学校总数 122 所的 52%;法政科学生 30808 人,占所有学生总数 41709 人的 74%。② 清末法政教育繁盛的原因,除适应当时社会发展的需要,简易速成、因地制宜以外,"学而优则仕"的传统思想影响,也是一个重要因素。当时统治者认识到"法政为入仕所必需",要求各地已仕官员或企图当官的人士都必须学习

---

① 参阅郑若玲《科举学:考试历史的现实观照》,《厦门大学学报(哲学社会科学版)》2000 年第 4 期。

② 参阅刘海峰《科举考试的教育视角》,武汉:湖北教育出版社,1996,第 256 页。

法律。许多学生求学便是为了从政,法政学堂毕业生出路较好,大多可在政府部门任职,因此法政学堂在人们心目中类似于官员预备养成所,众人趋之若鹜。在一定意义上,可以说清末民初一枝独秀的法政学堂是科举教育在新的历史条件下的演变,是科举教育的继续。

就是在当代,"学而优则仕"的观念在教育界和社会上也还存在,影响到中国人的思维定式和深层心理结构。自古以来读书做官、劳心者治人劳力者治于人的观念深入人心,传统十分顽强,导致民众特别崇尚名牌大学、相对轻视职业教育。从现今中国人选择报考学校、专业时轻视职业学校,就业时脱不下"孔乙己的长衫"从事蓝领职业,还可以看到科举时代读书做官、脱离农工阶层的传统观念在许多人的潜意识中顽强地存在。

三、促进向学与片面应试

科举制是通过文化考试将素质较高者选拔出来任予官职,把文化知识水平作为选择行政官员的必备条件。科举考试为国求才,既体现了国家政府的利益和意志,也是实现家族希望和个人抱负的途径。由于科举注重测验应试者的文化知识水平,受名利的驱使和家庭、乡族的推动,许多人努力向学,勤苦读书。在科举时代,科名的魅力十分巨大,许多士子确实做到了"学向勤中得,萤窗万卷书"。尽管及第或中举的机会很少,但只要存在通过自身奋斗出人头地的可能,便可调动人们的学习积极性,促使重学风气的形成。

孔子曾说:"学也,禄在其中矣。"①企求功名富贵是多数士子学习的根本动机,以才学为录取依据的科举激励机制引导士子刻苦学习文化知识,促进了学校教育的发展。唐代中叶以后,虽然官学不振,私学却一直很兴盛,而于私家学习者多是为了"修举业"。科举具有强大的以考促学功能,政府利用科举吸引地方官吏、学术大师、世家大族等各种社会力量办学,调动民间办学的积极性,大大减轻了官学的压力,节省了政府的财政开支,当时颇为普及的启蒙识字教育和中等教育基本上是由民间私塾承担的。科举起码在数量上促进了私学的发展,扩大了教育的范围,打破了世族、官僚垄断教育的状况,促使教育机会下移,养成了中华民族重视读书的传统习惯。即使是农、工、商家庭子弟,家长也多督促其及早向学,只要有一线成才希望,父母往往愿意含辛茹苦,送子就读。邓嗣禹曾说:"前清时代,无分冬夏,几于书声遍野,夜静三更,钻研制义。是科举鼓励之功,有甚于今日十万督学之力也!"②在中国历史上,靠发愤苦

---

① 《论语(外二种)》,北京:北京出版社,2008,第 112 页。
② 邓嗣禹:《中国考试制度史》,南京:考选委员会印行,1936,第 398 页。

读而一举成名者所在多有,范仲淹在佛寺寄读时,划粥为食;欧阳修幼年时穷得连笔都买不起,"画荻"学习。此类苦读之后通过科举阶梯登上仕宦前程的例子多得不胜枚举,这也是科举考试推动教育普的生动体现。

科举制的利诱促使读书人急剧增加,北宋进士苏辙曾说:"凡今农工商贾之家,未有不舍其旧而为士者也。"①读书应举成为一种社会风尚,"为父兄者,以其子与弟不文为咎;为母妻者,以其子与夫不学为辱"②。这种风气长盛不衰,有力地推动了教育的普及和文化的发展,甚至连偏远的村落也是如此,故有"孤村到晓犹灯火,知有人家夜读书"③的诗句。当今中国人成为世界上最重视子女教育的民族之一,与科举时代形成的重学传统是密切相关的。

读书应举是科举时代绝大多数知识分子仕宦的必由之路,因而科举成为当时人文活动的首要内容和士人发展的首要步骤。吴敬梓在《儒林外史》第十七回中借人物之口说:"读书毕竟中进士是个了局。"第十五回中则说:"人生世上,除了这事,就没有第二件可以出头。不要说算命、拆字是下等,就是教馆、作幕,都不是个了局。只是有本事进了学,中了举人、进士,即

---

① 〔明〕黄淮、〔明〕杨士奇编:《历代名臣奏议》卷二六七《请去三冗疏》,台北:学生书局,1986,第 3505 页。
② 〔宋〕洪迈:《容斋随笔·四笔》卷五《饶州风俗》,上海:上海古籍出版社,1978,第666 页。
③ 〔宋〕晁冲之:《晁具茨先生诗集》,上海:商务印书馆,1939,第 53 页。

刻就荣宗耀祖。"中举及第不仅意味着人生际遇的转折,而且可以光耀门楣。有的西方人认为,就是古代希腊奥林匹克的得胜者也不及北京殿试及第者来得荣耀。①《二刻拍案惊奇》中有《女秀才移花接木》的故事,其中谈到社会上重视进士的情况,并说"世间情面,哪有不让缙绅的"。《警世通言》卷一八和《今古奇观》卷二一《老门生三世报恩》中则说:"如今是个科目的世界,假如孔夫子不得科第,谁说他胸中才学?"

另一方面,重视读书应举同时也造成了过分重视考试结果的功利主义教育价值观。当时科举不仅成为教育的手段,也成了教育的目的。许多举子读书的唯一目的就是应试,各级学校多片面追求中举及第率。为了在激烈的科举竞争中取得优胜,许多人"三更灯火五更鸡",只重视文化学习,很少顾及身体的锻炼,积成文弱的体质。就是在智育方面的学习,也往往是揣摩科场文体和应试技巧。科举制下讲求功利的应考之风,使科举制的选拔功能逐渐下降,在欧风美雨和坚船利炮的冲击之下,科举制走到了穷途末路,终于迎来了被废止的命运。

片面应试的表现是奉行举业至上主义,与科举无关的学问一概弃之不顾,考什么便学什么,而学的又往往是学问之细枝末节而非根本大义。明代杨慎说:

---

① Paul F. Cressey, "The Influence of the Literary Examination System on the Development of Chinese Civilization", *American Journal of Sociology*, Vol. 32, No. 2, September 1929, pp. 250—262.

> 本朝以经学取士，士子自一经之外，罕所通贯。……
> 五经诸子，则割取其碎语而诵之，谓之蠢测；历代诸史，则
> 抄节其碎事而缀之，谓之策套。其割取抄节之人，已不通
> 经涉史，而章句血脉，皆失其真。……有以汉人为唐人，唐
> 事为宋事者，有以一人析为二人，二事合为一事者。

比如宋代科举中就曾出现举子试卷中言"古有董仲舒，不知何
代人"以及省试举子向考官询问"尧舜是一事，是两事"之类的
问题。这种个别考生搞不清楚一些最简单的问题的现象，如不
知道"三通""四史"是何等文章，汉高祖、唐太宗是哪一朝皇帝，
贞观、开元为何年号的情况，虽不能说明所有举子水平都差，进
而用来否定整个科举制度（就像不能用现代个别考生写出幼稚
可笑的答案来否定所有考生的水平和整个高考制度一样），但
确也在一定程度上暴露出片面应试所造成的知识偏狭、投机取
巧的弊病。

从考试发展史的角度看，八股文是考试制度长期实行后逐
渐演变而成的标准化作文考试文体，是一种刻板地通过考察经
学知识和文字水平来测验智能的文体，对保证科举考试的客观
性和公平性起过一定的作用，也有其文学价值。但若从文化史
与社会史的视角观察，八股文所起的消极作用较大。八股文类
似于一种汉语文字游戏，有的人写多了之后容易痴迷其中，染
上"八股癖"。当士子将才思过度集中于作八股文这种高级文

字游戏的时候,自然无心也无暇顾及其他学问和营生。不少学者从文学史的角度为八股文平反,从考试史的角度也可以理解八股文的产生和存在的价值,然而从中国文化教育史和社会发展史方面来看,可能不易为八股文翻案。

四、普及文化与不重科技

科举取士的利诱或激励机制,有力地促进了文化的发展和普及,推动经学、史学、文学和书法艺术高度繁荣。由于科举考试以儒家经典为依据,科举对儒学的传承、繁衍和普及起到了任何其他制度无法相比的作用。1300 年间科举以经术取士,造成了一场旷日持久的读经运动,使古代中国成为一个儒学社会。

儒家经学为科举考试的主要内容。汉代以经术取士,到南北朝时期,孝廉科侧重考经学知识,秀才科侧重考文章辞华。唐宋两朝科举取士中存在着经术与文学之争。唐代进士科主要考文学,明经科主要考经学,二者地位的轻重经历了一个升沉变易的演变过程,由于社会上看重进士科,经学相对被冷落。北宋学者或主张取士当先经术后词采,或主张以诗赋为首要考试内容,争论平衡的结果,是将进士科一分为二,并立"经义进士"与"诗赋进士"。但从王安石改革科举、考试经义之后,特别是明清科举考八股制义之后，儒家经学在科举考试的内容中占了主导地位。① 中国帝制时代后期流传极广的《神童诗》中便有"学乃身之宝，儒为席上珍""遗子满籝金，何如教一经"之类的说法。宋真宗《劝学诗》也说"男儿欲遂平生志，六经勤向窗前读"。因此，在科举时代，经学知识是相当普及的。

虽然儒家经典中具有不少维护专制统治的纲常名教，但作为中国古代社会之正统理论和传统文化的核心内容，经学中也有一些关于修齐治平等方面的合理因素，构成了中国传统文化中的精髓。"四书""五经"为普通中国读书人所熟知，经学得以不断传承和繁衍，这很大程度上都得力于科举制的倡导利诱。儒学成为中国传统文化的基干和主体，主要是因为具有科举制的制度化支撑。同时，科举制的独尊儒术，还有效地抵御了佛教和道教势力的扩张。魏晋隋唐时期，随着佛教的兴盛和道教的兴起，儒教的地位有所下降，儒、佛、道互有消长，出现了三教争雄的格局。唐代统治者奉行尊道、崇儒、礼佛的兼容并包的文教之道，倡导"三教归一"，武则天还曾令宠臣张易之领衔主编《三教珠英》，有时道教和佛教的势力还远远凌驾于儒教之上。但从宋代科举考试经义之后，儒家经学再度勃兴，占据了不可动摇的统治地位。而非宗教的具有浓厚理性主义和人文

---

① 参阅刘海峰《唐代教育与选举制度综论》，台北：文津出版社，1991，第173—208页。

精神的儒学在中国文化中占据主体地位,也使近现代的中华民族成为世界上宗教负担最小的民族。① 从这方面说,科举制也有其积极的作用。

另外,科举与史学有着非常密切的关系。在世界各国中,具有丰富、完备的连续不断的数千年历史记载的国家唯有中国。重视史学是中华文化的一贯传统,甚至有人认为"读书不读史,虽才华富有,皆糟粕耳,且不免空疏之诮"②。历来科举考试都有"五经"的考试内容,而章学诚说"六经皆史",谓《易》《书》《诗》《礼》《乐》《春秋》六经,都有中国古代史书的属性,尤其是《春秋》本身就是史书。因此考儒家经典知识,实际上也包含史学的成分。唐宋时期的科举有"三传"科目,即以《春秋》公羊传、穀梁传、左传设立考试科目,这名为经学科目,实为史学科目。还有专门考《史记》的"一史"科,专门考《史记》《汉书》《后汉书》的"三史"科,更是直接以史书设立科目,选拔史学人才。

而且唐、宋和清代科举中有考"论"这种文体,而试"论"的体裁往往以史论为重,因而科举在以经术和文学取士的同时,实际上还以史学取士。此外,历代科举第三场试策,一般都是考经、史、时务策,其中的史策以史为题,问成败得失。尤其是

---

① 张岱年、程宜山:《中国文化与文化论争》,北京:中国人民大学出版社,1990,第242页。
② 出自陈受颐为顾充《历代纲鉴总论》所作之序。

清末科举革新废八股以后，乡、会试第一场试中国政治史论五篇。因此总体而言，可以说中国一千多年的科举制是以经、史、词章取士。科举重视史学的效用是让入仕为官的人都有基本的史学素养，了解中国历史变迁和"成败得失"，以便在临政治民时懂得鉴古知今，能够有一种历史观和大局观。中国古代史学的繁荣和发展，与科举考试以史取士促使士人认真研习史书、形成重视史学的传统和风尚是分不开的。

　　中国古代出版业的发展也受到科举考试的推动。宋代以后，印刷术开始普及。岳珂《愧郯录》卷九说："自国家取士场屋，世以决科之学为先。故凡编类条目，撮载《纲要》之书，稍可以便检阅者，今充栋汗牛矣。建阳书肆，方日辑月刊，时异而岁不同，以冀速售。"由于有广大的市场需求，书商热衷于刊刻科举读物，数量特别庞大，这促使书籍广泛流布。在 18 世纪中叶以前，中国书籍的数量超过世界其他所有国家书籍数的总和，而科举文献是中国古代印刷量最大的文献，中国传统出版业的兴盛和书籍的普及便是科举的积极影响之一。

　　现在还看得到很多科举文献都有维护版权的声明"翻刻必究"。有古籍扉页上印着"翻刻千里必究"①，古代交通不便，要到千里之外去追究侵权实际上很难，这种声明主要就是一种威慑。清代道光三十年（1850）刊刻的《搭题芝兰》一书在扉页出

---

① 如钱树棠等编《经余必读》，大中堂，嘉庆八年（1803）。

版者"三余斋藏版"下标注:"翻刻是我子孙。"甚至有本备考科举之书《入泮金针》,扉页上不仅有"翻刻必究"的字样,而且写着"翻刻此版,世世娼孙"。① 估计此书很畅销,担心被盗版,就先声明诅咒翻刻此书者世世代代都是娼妓的子孙,不得好死。当时学术著作或大部头的典籍一般很少有人会去翻刻,因为成本很高而需求量却不大,只有那些有大量需求、翻刻之后有利润可图的书才有人会去侵犯版权,而备考科举的书籍就是这类有市场、需要保护版权的书籍,所以特别有版权意识。虽然在交通不便的古代真正能够千里追究的估计很少,但是提出追责威胁或者诅咒侵权,多少有点震慑或劝诫作用。这几个例子都说明,科举类书籍是中国出版史上最注重保护版权的一类书籍。

书法的繁荣也与科举考试相关。唐代科举中有专考文字和书法的明书科,而且考明经、进士的举子也须善于书法,加上铨选考试身、言、书、判,其中"书"要求"楷法遒美",这就促进了书法之风的形成。因为科举考试重书法,所以无论在学的生徒、应考的举子还是一般官吏都讲究书法,这种风气磅礴郁积,必然会产生特出绝伦者。唐代出现流芳千古的欧阳询、虞世南、褚遂良、颜真卿、柳公权等楷法名家和草圣张旭、怀素,是有其深厚的社会基础和必然原因的。宋以后科举考试实行糊名

---

① 王韬辉:《新增太史王韬辉入泮金针》,凌云斋,乾隆五十三年(1788)。

誊录制度，身言书判也逐渐停罢，书法相对不受重视。宋人马永卿《懒真子》说："唐人字画，见于经幢碑刻文字者，其楷法往往多造精妙，非今人所能及。盖唐世以此取士，而史部以此为选官之法，故世竞学之，遂至于妙。"清代殿试及朝考后试卷不再誊录，评卷重视书法，也促成了朝野重视书法的社会风尚。凡是进士出身者书法都很好，我们现在还可以看到许多流传下来的清代殿试卷，其中多数书法精美，尤其是状元或其他鼎甲进士的书法，一般都非常好，清代状元陆润庠、王仁堪、刘春霖等人都写得一手优美的小楷。清代出现许多小楷名家与清代科举考试注重"馆阁体"书法密切相关，许多应考的文童都会写"馆阁体"。科举废后，专心练好书法的学子迅速减少。这说明科举对书法等传统学问的发达是起到重大的作用的。

另外，唐宋科举中设有明法科，历代科举三场考试中第三场都要考判文，于是促进了中国古代法律知识的普及；科举与中国古代"至公"观念的形成与发展，与读书至上、学而优则仕的价值观也都息息相关；科举文物及科举文献更是科举文化的现代遗产。总之，无论科举制的是非功过如何，它已成为中国传统文化的一个要素，或者说是中国历史与文化中的重大存在。

但是，科举对中国古代文化也有相当消极的影响。科举制的长期实行，养成了轻视实学、空疏无用的学风。尤其是明清时期八股文盛行,应试之学猖獗。因为经义、策论等试题年年要出,久而久之,难免重复类似,因而一些应试者设法搜集历年登第者的范文,死记硬背以应考,不认真研求真学问,只读一些《钦定四书文》之类的书。有的甚至只读高头讲章,弃经书本身于不顾。许多人将八股科举视为入仕的敲门砖,对经学采实用主义态度,甚至只读备考资料而不读本经,造成对经学的割裂曲解,流弊颇甚。而且应考思维形成后,往往读书作文都容易八股化。

科举考试具有强大的指挥棒功能,指导着士人的努力方向,科举考什么社会上便教什么、学什么,不考什么社会上便不教什么、不学什么。科举考经史辞章,人们便将心思才华用于经史辞章,而这些内容多局限于人文学科范围。虽然唐代和清末设有算学科举,但这只是次要科目,并不受重视。当整个知识阶层的才学都用于诗赋经义的时候,科学技术自然便相对被冷落了。科举考试重人文知识轻自然科学、重道轻器的弊端,使中国古代人文科学高度发达、科学技术相对不易发展。特别是明清以后,中国的科学技术逐渐在世界上落后,以至于发明火药和指南针的国家却受到西方国家坚船利炮的打击。

当然,明清以后中国科技落后于西方的根源并不在科举制度,而在于重道轻器、重学轻术的传统文化氛围,因为在隋代科举制产生之前中国已是一个重人事轻技艺的国家了,在以儒家学说为基础的传统文化中,历来是"劳心者治人,劳力者治于人"。汉代或先秦时期,中国已经是一个官本位的国家了,治术重于技术是儒学社会的一贯传统。我们只能说科举制将"学而优则仕"制度化,进一步强化了官本位制,将天下人的聪明才智都吸引到读书做官这一条道上来。科举出身成为入仕正途,工商异类被视为旁门左道,科技发明往往被看作"奇技淫巧",许多科技发明却是和尚道士、方外术士所做出的。因此科举制强化了当时重治术轻技术的观念是不争的事实。

明末来华的西方传教士利玛窦(Matteo Ricci)曾指出:"在这里每个人都很清楚,凡有希望在哲学领域成名者,没有人会愿意费劲去钻研数学或医学。结果是几乎没有人献身于研究数学或医学,除非由于家务或才力平庸的阻挠而不能致力于那些被认为是更高级的研究。钻研数学和医学并不受人尊敬,因为它们不像哲学研究那样受到荣誉的鼓励,学生们因希望着随之而来的荣誉和报酬而被吸引。这一点从人们对学习道德哲学深感兴趣上,就可以很容易看到。在这一领域被提升到更高学位的人,都很自豪他实际上已达到了中国人幸福的顶峰。"①在以入仕为知识分子唯一坦途的中国传统社会,既然科场所重唯有经史文章,那么有谁还愿去过问那些工艺方面的"雕虫小技"呢? 这种重儒学不重科学的状况直到废科举兴学堂以后才

①〔意〕利玛窦、〔法〕金尼阁:《利玛窦中国札记》,何高济等译,北京:中华书局,1983,第34页。

有根本的转变。

五、及第争先与人累科举

在中国历史上,科举曾深刻地影响过士人群体的思维方式、人生际遇和生活态度。从隋唐到明清的 1300 年间,多数读书人参加过科举。

中国古代广为流传的《神童诗》中有以下诗句:"朝为田舍郎,暮登天子堂。将相本无种,男儿当自强。……为官须作相,及第必争先。"这些话语成为中国传统社会著名的格言,是劝诱人们积极进取的科举文化的表现。科举考试的成功范例激励许多后来人自强不息、敢于离乡背井、勇于竞争,科举制的长期实行也造就了士人们及第争先、积极进取的心态。

古代许多省的多数地区举子要到省城参加乡试都相当不易,走十天半个月甚至更久的时间是常有的事。尤其是到京城参加省试(明清两代的会试),更是路途遥远,即使车马兼程也相当艰难。在交通不便的古时候,为了实现治国平天下的理想和抱负,或者为了出人头地光耀门楣,许多人寒窗苦读数十年,不畏旅途的艰难险阻、舟车劳顿、长途跋涉几个月到京城赶考。没有坚强的毅力和恒心,能做得到这一点吗?我们民族历史上的许多出身平凡的文化精英,正是通过科举,实现了社会流动,为国家、社会和民族作出了重要的贡献。没有科举考试的平等竞争，他们能有机会走出乡村到京城去竞争，能有机会进入主流社会或政府高层去施展才华吗？科举是连接统治者与平民阶层的纽带，朝廷用科举来选拔满足统治需要的官员，而士人则通过科举来获得成为政府官员的机会，或实现理想抱负，或获取政治经济利益。

有韩国学者认为，作为民族意识结构核心的现代韩国人价值观的形成，可以从儒教思想和以科举制度为中心的中央集权制的政治制度上来寻找："在历史上积累下来的韩国人的欲望是做官，所追求的价值是荣华富贵。过去，通过科举考试求得官职才是荣华富贵的唯一途径。人们现在则认为应该同时满足致富欲和扬名欲，要致富就必须出名，要出名就必须致富。"①历史上科举在韩国社会上的地位不亚于科举在中国社会上的地位，现代韩国人对教育和考试的重视程度与中国也颇为相似。科举时代对富贵、对名望的追求所形成的及第争先心态，在当今社会也还有积极意义。

然而，因为科举考试竞争十分激烈，越到帝制后期越出现朱熹说的"科举累人"与"人累科举"局面。"科举之累"主要是因为参加科举者数量太多，竞争过度激烈导致疲累。南宋时期，许多地方的参加地方解试人数增长迅速。以福州为例，绍

---

① 佚名：《树立韩国经营模式》，《参考消息》1994 年 11 月 8 日，第 4 页。

兴九年（1139），福州应举者有 8000 余人；到乾道元年（1165），福州投考者接近 1.7 万人；到淳熙元年（1174），已高达 2 万人。因此不断扩大福州贡院，到后来还要临时借用官厅作为考场。① 一个州，参加地方科举考试的举子竟然高达 2 万人，这大概是南宋的最高纪录，由此可见士人是多么热衷科举了。

　　明清两代的乡试录取率很低。明代初年规定参加乡试的科举生员比例是一个举人名额可以选拔 30 名科举生员进入贡院参加乡试，举人的录取率在 3％ 左右。清代举人也很难考取，尤其是清中期以后乡试竞争更为激烈，录取比例从 50：1 到 80：1 不等，甚至有过 100：1 的录取率，即规定一个举人名额允许 100 名秀才进场。美国学者艾尔曼根据明代《南国贤书》《应天府乡试录》和清代《江南乡试录》，统计 1474—1893 年之间 14 榜的应考人数与中举人数的比例，为 6.8％—0.7％，而且清代的录取比例比明代降低很多，清代 5 榜中有 4 榜的录取率都低于 1％。从其他省的乡试录取率来看，清代多数省份也都在 1％ 上下。② 笔者亦根据《福建乡试录》作过统计，在清代福建乡试可以考出录取率的科榜中，录取率都只有 1％ 左右。从全国来看，清代中期以后，除了云、贵等边远省份，多数省份的乡试录取率也都只有 1％ 左右，有的科举大省的乡试录

①　参阅刘海峰《宋代"福建出秀才"与科举盛况》，《炎黄纵横》2024 年第 4 期。

②　Benjamin A. Elman, *A Cultural History of Civil Examinations in Late Imperial China*, pp. 661—665.

取率不到 1%。科举竞争激烈到残酷的程度,难怪范进中举会喜极而疯。

科举是一种高竞争、高利害、高风险的选拔性考试。清代人口数量从入关时的 1 亿不到,至道光时增长到 4.3 亿,而当印刷术与文化教育的扩张,使得穷乡僻壤子弟也有了报考的可能、使得更多普通百姓有机会通过参加布道讲学而参与到科举考试之中时,人数之累使得帝国即使在一个无外力干预的系统的运营下,也已陷入某种危机。虽说让多数读得上书的人都有参加科考的机会,确实是稳定统治的良方,然其弊就在于,如何层层筛选有能者入朝为官而不让无真实学问者有侥幸可能?又如何安抚那么多落第举子的心理? 在"因时而补救之"上,可以看到清朝延续了明朝"科举必由学校"以及"八股考试"的办法,前者增加功名层次、考试次数,后者则是让考试公平公正。① 但是落榜者永远是绝大多数,因此造成了"人累科举"的局面。

而且,为选拔少量的从政人才,却诱使千千万万的知识分子成天埋首钻研八股文这种复杂精细的应试文体。八股文章既与政事无涉,也不是一种文学创作。它虽对文学的发展有促进作用,也确实选拔出一批才智之士,但因内容空疏,接近于一

---

① 参阅蔡正道《科举学对传统文化复兴的意义与启发——以〈科举学导论〉为讨论基点》,《教育与考试》2016 年第 5 期。

种文字游戏,虚耗了无数士人的心血和光阴,因此八股文越是淋漓尽致地发挥其测验选拔功用,同时也就越造成全民族才思的浪费。或许八股文的长期盛行确有助于提高中国人的智力,但到清末,西人日为有用之学,而中国人仍沉迷于八股迷津之中,对社会而言自然是弊大于利。唯其如此,清末才会将废八股作为改革科举的头等大事。而一旦不再用于科举,除测试功能之外一无所用的八股文便水流云散,迅速成为历史名词。

磨刀恨不利,刀利伤人指。科举制这把锋利的"双刃剑"在发挥其功能和积极作用的同时,也造成了严重的消极影响。只看到一面而忽视另一面,会造成很大的问题。对科举制的利弊得失,我们应本着冷静客观的态度,实事求是地全面地加以评价。

第六章

东亚科举文化圈

維新庚戌科

會庭文選

經呈 統使座大臣閱依 鑄刻必究

河內城庸

行枻庸第九十八号瑞記吉成合刊

敕賜第三甲進士出身四名

王有珵 父乂安南垠彙山社
阮士毅 乂安青池金縷社生秀才二十三歲

張中通 河靜石河丹制
阮叔軒 父安威咸盛社
黃瑞黃 河內安朗珠球社
裴杞 河內廣珠球社
吳廷誌 清化河中月圓
阮惟勲 廣平布澤里和

副榜十九名

阮誠 廣治肇豊安居社内午柒人二十九歲
黎仲璠 乂安南垠春柳
梁有萃 乂安南垠水社人四十四歲
阮春豊 清化河中月圓生乂乂柒人三十三歲
潘瑀 乂安朗城安仁
陶廷勲 河内靜鑾山南果
阮文通 河内安朗人
武衡 河南福人十九歲
黎邵杜 乂乂學生十四歲
黃仲鑾 海東柒人二十

科举是具有世界影响的考试制度。习近平总书记指出：
"中国在人类发展史上曾经长期处于领先地位，自古以来逐步
形成了一整套包括朝廷制度、郡县制度、土地制度、税赋制度、
科举制度、监察制度、军事制度等各方面制度在内的国家制度
和国家治理体系，为周边国家和民族所学习和模仿。"①科举制
为日本、韩国、越南、琉球等东亚周边国家所模仿，形成了古代
东亚科举文化圈。

一、宾贡进士怀柔远人

唐代中国是一个国力鼎盛、蓬勃开放的国度，具有一种"大
漠孤烟直，长河落日圆"的恢宏气象。作为先进文化之邦，唐都
长安成为四夷向慕、万方辐辏的国际性大都会，许多周边国家

---

① 习近平：《坚持和完善中国特色社会主义制度　推进国家治理体系和治理能力现
　　代化》，《求是》2020 年第 1 期。

都派遣留学生来华学习。这些异国学子修习中国的经籍诗赋之后，可与中国的生徒、乡贡一样参加科举考试。为了优待异邦士人，从唐穆宗长庆元年（821）以后，在每年的进士科考试中，往往照顾录取一至数名外邦举子，称为"宾贡进士"。

新罗人崔致远曾说唐廷对待异邦士子，"春官历试，但务怀柔。此实修文德以来之，又乃不念旧恶之旨"①。可见唐代在科举中采取怀柔政策，对异域举子有所优惠。由于外国举子才学程度与华人有所差别，为了优待那些异邦举子，特设保障名额，或放宽条件，或单独别试，录取宾贡进士。

因为有优待政策，不少外国人被吸引来参加科举，而且真有一些朝鲜人、日本人、波斯人和犹太人考上了进士。日本人阿倍仲麻吕（中文名晁衡）在国子监读书，成绩优秀，参加科举考试被录取，还在唐朝做官，与大诗人李白、王维等都有交往，为中日文化交流作出了重大贡献。他回国以后，李白由于得到错误消息，以为他已经死了，心情十分悲痛，写下了《哭晁卿衡》这首著名的七绝诗："日本晁衡辞帝都，征帆一片绕蓬壶。明月不归沉碧海，白云愁色满苍梧。"

从唐长庆元年金云卿中宾贡进士开始，朝鲜半岛的新罗人登中国朝廷科第者络绎不绝，至唐末前后有 58 人，登五代梁、

---

① ［新罗］崔致远：《与礼部裴尚书瓒状》，见韩国成均馆大学校大东文化研究院编《崔文昌侯全集》。参阅党银平《唐代宾贡进士的放榜方式》，《文史杂志》2000年第 6 期。

唐科第者又有 31 人。其中最有名的是新罗庆州沙梁部（今韩国庆尚北道庆州市）人崔致远，唐懿宗咸通九年（868），11 岁的他肩负着父亲对他"十年不第，非吾子"的期望，渡海来到唐朝求学，并于唐僖宗乾符元年（874）17 岁时考取了宾贡进士，被授以江南西道宣州溧水县尉。任期届满，被淮南节度使高骈聘为幕府，后授职幕府都统巡官。27 岁时，即唐僖宗中和四年（884），以"国信使"身份东归新罗，在新罗王朝继续担任要职。崔致远留唐 16 年间，为人谦和恭谨，且与唐末文人诗客、幕府僚佐等交游甚广。他的《桂苑笔耕》不仅是唐代著名的文集，而且是韩国历史上第一部个人文集，在韩国文化史、文学史上占有重要的地位。崔致远一向被朝鲜和韩国学术界尊奉为朝鲜半岛汉文学的开山鼻祖，有"东国儒宗""东国文学之祖"的美誉。

《册府元龟》卷六四二《贡举部·条制》四载，五代后唐明宗长兴元年（930），中书门下奏文说：中书省按规定复核该年进士所试诗赋，发现及第进士中有卢价等七人的诗赋各有不合韵格之处，将其落下，并云：

> 高策赋内于口字韵内使依字，疑其海外音讹，文意稍可，望特恕此。其郑朴赋内言肱股，诗中十千字犯韵，又言玉珠。其郑朴许令将来就试，亦放取解。仍自此宾贡，每年只放一人，仍须事艺精奇。

高策赋文不合韵律估计是因为"海外音讹",说明他是海外举子,大概就是宾贡。对待宾贡进士要求一般较低,鉴于其"文意稍可",可特别予以宽待,即放其及第。郑朴诗赋试卷中问题较多,故未放及第。从奏文中可看出,此前每榜可能不止录取一名宾贡进士,此后明确规定每榜只取一名宾贡进士。既然有一名保障名额,通常总会出现放宽标准录取宾贡进士的情况。

宾贡进士的放榜方式,在唐朝或宋朝,通常是与中国进士同榜录取,附在进士之后同榜公布。新罗宾贡进士崔致远说自己"十年观国,本望止于榜尾科第"①,高丽名儒崔瀣《拙稿千百》卷二《送奉使李中父还朝序》云:"所谓宾贡科者,每自别试,附名榜尾。"唐穆宗长庆元年宾贡登科的金云卿是以新罗人身份在唐首名宾贡进士及第者,此后唐五代多数年份都有宾贡进士及第者。以宾贡身份应进士科考试者,主要是新罗及其以后的高丽,其次是渤海国,以及少数长期居留于中土的大食、波斯人,至明代尚有安南、占城、琉球人应试。赵在三所著的朝鲜史籍《松南杂识》在"科举类·东人唐第"条中说:"唐长庆初,有金云卿者,始以新罗宾贡。又金夷鱼、金可纪、崔致远、朴仁范、金渥皆登唐第。"书中将高丽登中国唐代和元代科第者统称为"东人唐第"。

明洪武四年(1371),朝鲜的金涛在中国考中了进士,明太祖

---

① [新罗]崔致远:《桂苑笔耕》卷一八《谢职状长启》。

朱元璋任命他为东昌府安丘县丞，他以"不通华言且亲老"为由推辞，朱元璋批准，并"厚给道里费，遣舟送还"。金涛回国后任右司谏、艺文应教，累迁成均司艺。明代至少有六名交阯（越南）人考上中国进士，有的后来还成为朝廷的高官，如景泰五年（1454），越南人阮勤在中国考中进士，后曾任陕西巡抚、兵部侍郎。

　　唐昭宗乾宁二年（895）进士张蠙《送友人及第归新罗》诗云："家林沧海东，未晓日先红。作贡诸蕃别，登科几国同。远声鱼呷浪，层气蜃迎风。乡俗稀攀桂，争来问月宫。"唐以后放宽条件以附名榜尾的方式录取域外举子为宾贡进士，体现了中国统治者怀柔远人的政策，对吸引外邦士人到中国来求学和应举、对扩大中华文化的影响都起过重要的作用。"作贡诸蕃别，登科几国同"的诗句道出了宾贡进士怀柔远人、促进不同国家之间交流和共同进步的作用。确实，古代中国和周边的日本、高丽（朝鲜）、越南虽然语言不同，却是"书同文"的东亚文化圈。整体而言，传统的东亚地区，可说是一个特定的历史世界。在这个历史世界里，东亚士人扮演着非常重要的角色。中国科举录取宾贡进士，已成为东亚士子共通的出身管道，由于具有共同的学养（儒家经学），且共同应试，大家相互之间可以取得文化的认同。① 设立宾贡进士制度，为东亚国家了解科举制提供了很好的途径。随着中华文化向外邦的渗透，周边国家也或迟

---

① 参阅高明士《隋唐贡举制度》，台北：文津出版社，1999，第 168—169 页。

或早仿效中国建立了各自的科举制度。

二、日本最早仿行科举

在日、韩、越三国中,日本是最早仿行科举的国家,同时也是实行科举制时间最短的国家。公元7—8世纪之际,日本引进中国的律令制度,实行与唐制基本相同的科举制度。

日本古代法典《养老律·职制律》说:"贡者,依令诸国贡人;举者,若别敕令举及大学送官者,为举人。"日本掌管贡举事务的机构是式部省。按《养老令》所载,日本的贡举(科举)科目主要有秀才、明经、进士、明法四科和医、针二科。各科的考试内容如下:

秀才,取博学高才者,试方略策二条,文理俱高者为上上,文高理平、理高文平为上中,文理俱平为上下,文理粗通为中上,文劣理滞为不第。

明经,取通二经以上者,试《周礼》《左传》《礼记》《毛诗》各四条,余经各三条,《孝经》《论语》共三条,皆举经文及注为问。其答者皆须辨明义理,然后为通。试通二经者,答案通十为上上,通八以上为上中,通七为上下,通六为中上;通五以下,或仅通一经者,《论语》《孝经》全不通者,皆不第。若有通三经或通五经者,每经问大义七条,通五以上为第,以下为不第。

进士,取明闲时务,并读《文选》《尔雅》者,试时务策三条,帖《文选》七帖、《尔雅》三帖。评审标准,其策文词顺序、义理惬当,并帖过者为通。事义有滞、词句不伦及帖不过者为下。等第区分,帖策全通为甲第,策通二、帖过六以上为乙第,此外为不第。

明法,取通达律令者,试律令十条,其中律七条、令三条。识达义理、问无疑滞为通,粗知纲例、未究指归为不通。十条全通者为甲第,通八以上为乙第,通七以下为不第。

以上由式部省掌管的四个科目,要求应举者"皆须方正清修、各行相副"。其科目名称、评审标准、等第区分和及第授予的官阶与《唐六典》所规定的唐代科举制度基本相同,与唐制相异之处有:日制除进士科以外均无帖试,而唐制除秀才科以外均加考帖试;日制于明经科特别规定《孝经》《论语》全不通为不第,而唐制无此规定,日本似较唐更重视《孝经》《论语》;一般而言,唐制考试内容较日制难,录取标准也比日制高,尤其是明经、进士两科;及第后授予阶位的制度,只有秀才科相同,而日制明经科上上第授正八位下、上中第授从八位上,进士甲第授从八位下、乙第授大初位上,明法甲第授大初位上、乙第授大初位下,一般比唐制高出一个阶次,这说明日本比唐朝更重视科举出身者。①

---

① 参阅高明士《日本古代学制与唐制的比较研究》,台湾:学海出版社,1986,第277—278页。

唐朝科举还有明书与明算两科,日本书、算两科未列入贡举科目。《养老令·学令》虽规定书学生可以听任贡举,算学生考试得第叙位办法准依明法科之例,但两科之学生只要通过大学寮的寮试,即可任官,属于寮内考试范围而不属于式部所管辖,不完全是科举考试性质。不过,日本贡举科目中,却有医科、针科,《养老令·医疾令》规定:"医、针生业成送官者,式部复试,各二十条。"而按《唐六典》卷一四《医疾令》所载,唐朝只将医学列为太医署内部的教育事业,医、针生"若业术过于见任官者,即听补替"。另外,唐代科举允许举子"投状于本郡",即可以通过自荐参加贡举,而日本的贡举实际上只限于官僚子弟占多数的大学寮学生报考,因而日本的科举较少平民化色彩。

以往许多中国人,甚至日本人都不知道日本历史上曾经有过科举。然而日本确实实行过科举制度,这可以从不少当时的进士及第和落第诗中看出来。当时日本人所写的有关科举及第和落第的诗,与唐代的同类诗歌如出一辙。如《日本诗纪》卷一七菅原道真《绝句十首,贺诸进士及第》中《贺和平》诗云:"无厌泥沙久曝鳃,场中出入十三回。不遗白首空归恨,请见愁眉一旦开。"《贺橘风》诗云:"四十二年初及第,应知大器晚成人。"《贺田绕》诗云:"龙门此日平三尺,努力前途万仞强。"《贺野达》诗云:"登科二字千金值,孝养何愁无斗储?"纪齐名编辑的《扶桑集》中,收有菅原淳茂的《对策及第后伊州藏刺史以新诗见贺,不胜恩赏,兼述鄙怀》诗,描写久困科场后金榜题名的喜悦心情："穷途泣血纪兼秋，今日欢娱说尽不？仙桂一枝攀月里，儒风四叶压人头。"与唐代孟郊的进士及第诗异曲同工。而三善善宗《落第后简吏部藤郎中》诗中的"被病无才频落第，明时独自滞殷忧"则反映出应试落第者的痛苦。① 这些诗都具体生动地证实了日本实行科举制度的情形。

至今还可以考证出不少当时日本的进士及第者。据日本《登科记》载："式瞻王，延喜十六年八月廿八日试，行朱雀院，御题《高风送秋诗》。及第四人：藤原高树、大江维时、春渊良规、藤原春房。已上四人，不作开韵及第。"《朝野群载》卷一三《纪传》上载："《登科记》云：神龟五年戊辰始行进士试。少辅菅原清公。"②至今可考姓名的8、9世纪文章生（含进士、俊士、文章生试受验者、拟文章生）有196人，文章得业生（含秀才和给料学生）有35人，秀才、进士试受验者也尚有55人。

日本科举的发展趋向总的来说是日渐贵族化，但其间也有过"唯才是贵"的努力，《本朝文粹》卷二所载《太政应补文章生并得业生复旧例事》说：

> 选生中稍进者，省更复试，号为俊士。取俊士翘楚者，为秀才生者。今谓良家……大学尚才之处、养贤之地

---

① 参阅萧瑞峰《日本有没有实行过科举制度——读日本汉诗献疑》，《文史知识》1995年第7期。
② ［日］《登科记（校遗）》，见日本国书逸文研究会《国书逸文研究》第16号，1985年12月，第11—13页。

也。……高才未必贵种,贵种未必高才。且夫王者之用人,唯才是贵。朝为厮养,夕登公卿。而况区区生徒,何拘门资? 窃恐悠悠后进,因此解体。又就文章生中,置俊士五人、秀才二人。至于后年,更有敕旨:虽非良家,听补之进士者。良家之子,还居下列。立号虽异,课试斯同。……望俊士永从停废,秀才生复旧号,选文章生,依天平格。

此文为纳言安世良峰于天长四年(827)奏呈,从中可以看出日本的学校和科举制度参考"唐式"的因素。文中所言"唯才是贵""何拘门资"等语,体现出考试取才公平竞争的意图。

唐朝科举制实行的结果是秀才科逐渐停废而进士科日渐兴盛,但日本到公元 730 年以后则是秀才科逐渐独盛而进士科式微。《本朝文粹》卷二《太政应补文章生并得业生复旧例事》又载:"依令有秀才、进士二科,课试之法难易不同,所以元置文章得业生二人,随才学之深浅,拟二科之贡举。"秀才科考的是方略策,进士科考的是时务策,《令义解》卷四《考课令》"进士"条注说:"时务者,治国之要务也。假如'既庶且富,其术如何'之类也。"日本科举中秀才科与进士科呈现与中国唐朝此二科相反的发展趋势,主要也是由于二者难易不同,进士难而秀才易,人们趋易避难,导致二科的升沉消长。[1] 而日本史料中关于方略策与时务策的解释,未见于中国史料,这要么是中国相

---

[1] 参阅高明士《日本没有实行过科举吗?》,《玄奘人文学报》第 3 期,2004 年 7 月。

关史料亡佚,要么是日本科举创发新解,有助于理解唐朝的秀才与进士科。

日本平安时代中期的著名公卿、被日本人尊为"学问之神"的菅原道真在其《菅家文草》一书中记载了大量关于日本科举的诗歌。关于秀才地位和所试方略策及其评判标准,他在元庆七年(883)掌管贡举的过程中,深有体会,在《菅家文草》卷九《请秀才课试新立法例状》中引《考课令》曰:"凡秀才,试方略策二条。"在《对策文理可详令条事》中说:

> 右《考课令》曰:"文理俱高者为上上,文高理平、理高文平为上中,文理俱平为上下,文理粗通为中上,文劣理滞为不第。"谨案:文辞甚美、义理皆通者,所谓上上也。文辞差鄙、义理共滞,所谓不第也。又检前例,文辞虽非绮靡、披读颇无大害,义理虽非全通、所对才及半分者,谓之文理粗通。文辞虽有可观、义理不及半分,义理虽及半分、文辞甚以鄙劣者,又准之不第。然则上上之第,令条可寻;中上之科,前例非昧;不第之目,则令条、前例,共无可欺。唯至上中之文平理平、上下之文理共平,偏案令文,虽可会释,更据前例,又无准的。请详释令条、明立流例,不令详定之官,有所迷谬。

菅原道真在评定策文的成绩的实践中,感到原有标准过于笼统,操作性不够强,因此要求将其进一步细化,使之更加客观。

　　然而,日本科举理论上虽人人皆可参加,实际上只限官僚子弟占绝大多数的大学寮学生报考。因此唐朝科举较具平民色彩,日本科举则带有浓厚的贵族化气息。由于贵族干政、学官世袭,到 10 世纪以后,日本的大学寮基本上为贵族所把持,博士推荐大学寮中的学生参加科举,不是依据才学高下,而是以资历名望,致使科举日渐流于形式化。11 世纪以后,虽然在形式上还继续实行式部省试,但考生皆由权贵推荐,应考者几乎是无条件及第。① 科举制至此已蜕变,并逐渐消亡,以致现代许多中国人甚至日本人都误以为日本历史上从未引进过科举制。

　　1787 年,江户幕府试图进一步扩充幕府臣僚的培养机构——昌平校(昌平坂学问所),开始导入“素读吟味”与“学问吟味”的定期考试制度。所谓“素读”,即采用汉音诵读经典原文。这种“江户版”的科举制度,考试内容来自朱子学的“四书”“五经”或《孝经》一类的儒家典籍;其考试的程序,也与中国的科举考试大同小异;其性质与科举考试一样,属于竞争性的选拔考试;其褒奖方式尽管接近于名誉性的“褒奖”,但也不乏由此一鸣惊人而受到幕府提拔重用之人。江户时代还出现了专门针对“学问吟味”笔试技巧的书籍《学问所御试辩书并御达

① 参阅高明士《隋唐贡举制对日本、新罗的影响》,见林天蔚《古代中韩日关系研究》,香港大学亚洲研究中心:1987,第 65—102 页。

书》。尽管"江户版"科举制度与中国的科举制度存在一定的异质性，但是它并没有形成一股阻碍社会发展的力量，反而成了日本步入近代化的一个文化前提。①

日本学者远山景晋撰写的《对策则》一书，直接呈现了"江户版"的科举制度的存在。无论是选拔人才的目的、推行考试的程式还是录取之后的任用，这一制度皆以中国明清时期的科举制度为蓝本。《对策则》具有古典文献学式的"对话"功能，既可以最大限度地论证"东亚科举文化圈"的历史事实，也可以为科举学向跨文化研究的拓展提供文献佐证。②

到了明治时代初期，为了选拔人才、推动维新运动，1869年，进入新政府的兰学者神田孝平向公议所提出了"进士及第之法"的建议书，提倡以"汉土及第法"，即中国的科举制度为参考，树立近代日本的官僚考试制度。所谓"进士及第之法"，具体而言，即每年举行一次考试，广泛招徕"海内有志之士"，考试的科目为注重实用的"和学、汉学、经济、文章、天文、地理、兵学、律学、医学、博物学"，考试官员经政府临时任命。考卷的审阅采取闭名的方式，由多名考试官员共同批阅。考试分前后三次进行，三次皆取得"上等"成绩者封为"甲等"，可任命为四等以下之政府官员。而且，采取印刷公布的方式通告考试者的姓

---

① 参阅吴光辉《科举考试与日本》，《东南学术》2005 年第 4 期。
② 参阅吴光辉、熊娟《日本"科举学"的转型与评价——以江户时代的〈对策则〉为中心》，《厦门大学学报(哲学社会科学版)》2019 年第 3 期。

名、成绩与合格者的任用官职。这一提案是以中国的科举考试
为参考,试图建立近代日本的文官考试制度。尽管公议所通过
了神田孝平的"进士及第之法"提案,但其并没有得到实权人物
的支持。因此,神田的这一提案并没有得以具体化地实施,而
人才选拔的考试制度也最终为近代的学校制度所取代。①

三、韩国在中国域外实行科举最久

韩国历史上的科举是中国域外实行科举制最长,也最为完
备的科举。从公元 958 年起至 1894 年止,科举制在韩国历史
上存在了 936 年。

光宗九年(958),高丽开始效法中国唐朝科举,建立自己的
科举制度。《高丽史》卷七四《选举志序》说:"三国以前,未有科
举之法。高丽太祖,首建学校,而科举取士未遑焉。光宗用双
冀言,以科举选士,自此文风始兴。大抵其法,颇用唐制。"

高丽科举是模仿中国的产物。双冀是五代后周出使高丽
的官员,光宗爱其才,表请后周将其留为僚属。朝鲜史籍《增补
文献备考》卷一八四《选举考·科制》载:

---

① 参阅[日]天野郁夫《考试的社会史:近代日本的考试、教育、社会》,东京:东京大
学出版会,1983,第 2—3、56—59 页。

　　高丽光宗九年,命翰林学士双冀知贡举,试以诗、赋、颂及时务策,取进士,兼取医卜等业。御威凤楼放榜,赐甲科崔暹等二人、明经三人、卜业二人及第。自是取人之法,专在科举。逐年取士无定数。其法大抵皆袭唐制。冀屡典贡举,奖劝后学,文风始兴。

高丽科举由中国人直接介绍且亲自主持建立,并且双冀还连知三届贡举,这充分说明中国因素在高丽科举建立初期之重要。韩国学者姜希雄认为,高丽朝于公元958年从中国引进的科举制,成为传统韩国制度借鉴中最引人注目的一个事例,其长远的社会和文化后果是连带着完全采用儒家考试内容和中文书写系统。同样意味深长的是,提出借鉴此制度的不是高丽人,而是高丽国王的中国谋士双冀。这一引进的深远社会和文化影响及其巨大的成功,使这一文化借鉴的特殊事例成为一个引人入胜的研究议题。①

　　北宋徐兢《宣和奉使高丽图经》卷四〇《同文·儒学》也载:

　　若夫其国取士之制,虽规范本朝,而承闻循旧,不能无小异。其在学生,每岁试于文宣王庙,合格者视贡士。其

---

① H. W. Kang, "Institutional Borrowing: The Case of the Chinese Civil Service Examination System in Early Koryo", *Journal of Asian Studies*, Vol. XXXIV, No. 1, 1974, pp. 109—125.

举进士,间岁一试于所属,合格偕贡者,合三百五十余人。
既贡,又命学士总试于迎恩馆,取三四十人,分甲乙丙丁戊
五等赐第,略如本朝省闱之制。至王亲试官之,乃用诗赋
论三题,而不策问时政,此其可嗤也。自外又有制科宏辞
之目,虽文具而不常置,大抵以声律为尚,而于经学未甚
工,视其文章,仿佛唐之余弊云。

可见高丽科举制度与唐宋科举颇为类似。

延续将近五百年的高丽王朝,科举制度实兼采唐、五代、
宋、元等诸朝制度而成。具体而言,高丽制度直接渊源于隋或
唐者,有礼部三场试、三条烛试(夜试)、试期在春三月(春试)、
科目中的宾贡、咒噤科等。直接渊源于五代、宋,间接渊源于隋
或唐者,有主试机关在礼部,科目中的进士、明法、明书、明算、
三礼、三传等科,进士科分甲、乙第,重诗赋,明经有帖经、墨义,
以及考试用糊名法等。直接渊源于宋,间接渊源于唐者,如武
学及武举、贡举人的乡饮酒礼、拜谒文庙之礼等。直接渊源于
元,间接渊源于唐者,如乡试、会试、殿试三阶考试的成立等。
至于仿自当时中国制度,而不必本于唐制者,如三年一开科、进
士科及第除官地位较高等,均见于宋制。而科目中的卜业、地
理业、何论业、政要业等,考试过程中的国子监试,僧科的设立
等,则属于高丽独创之制。朝鲜王朝还有谒圣试,是由唐朝谒
圣礼引申出来的一个科目。这种谒圣试虽已丧失最初"切磋琢

磨"的教育意义,但就其体现出的"崇儒重道"之精神而言,韩土视中朝,可谓有过之而无不及。①

高丽朝恭愍王十九年(1370)明太祖遣使来颁科举诏后,高丽科举乡会试程式一依明制:第一场试"五经"义,限五百字以上,"四书"疑,限三百字以上;第二场试礼乐论,限三百字以上;第三场试时务策,限一千字以上,惟务直述,不尚文藻。中式后复以书、算、律试之,书则观其笔画端楷,算则观其乘除明白,律则听其讲解详审。与中国各代科举类似,高丽科举也出现利弊兼具、由盛而衰的情况。《高丽史》卷二七《选举志》序说:"其立法定制之初,养育之方、选取之制、铨注之法,井然有条。累世子孙,凭藉而维持之。东方文物之盛,拟诸中华。自权臣私置政房,政以贿成,铨法大坏,而科目取士,亦从而泛滥。于是黑册之谤、粉红之诮,传播一时,而高丽之业衰矣。"

李朝于公元1392年取代高丽朝统治朝鲜半岛后,立即继续实行科举制。李朝太祖元年(1392)定科举法,初场罢"四书"疑和"五经"义,改试讲论,以"抑词章蹈袭之弊而务得穷经实学之士",但实行数科之后,实践证明并不能选拔到"经学杰出之才",于是在太宗七年(1407)吉昌君权近上书请改定科制、罢讲论而复试疑义,并乞中场罢古赋而试以论、表各一道及判一道。权近还认为"汉吏之文,事大要务,不可不重",建议设立考试诗

---

① 参阅高明士《隋唐贡举制度》,第361、370页。

赋、吏文、经典、汉语的"汉吏科",与正科同榜唱名。李朝还扩大生员进士试的规模,并仿《礼记·王制》的古语,称生员进士为"司马"。

韩国历史上的科举制开科的频率和录取的比例比中国科举更甚。高丽朝中叶以后一般是三年一试,每科取33人;李朝将三年一试称为"式年试",属于"大比之科",通常录取人数也是33名,后期式年试录取人数常达40—50名。李朝还根据需要临时加科,称为"别试",相当于中国明清时期的恩科,凡遇君主登基、行幸、万寿、太妃附太庙称庆、册封世子、世子行冠礼、世子入学称庆等庆典都开别试,而且每十年开一"重试",允许堂下官等现任官员赴考。此外还有增广试、谒圣试、春塘台试等科目,这些式年试以外的科目少则录取3名,多则录取40余名,通常录取人数为10余名。朝鲜名儒丁茶山在《经世遗表》卷一五中指出:"中国以十三省之广,会试取士,多不过三百余人,少则三十余人,上至唐宋,下逮皇明,其例皆然。我邦幅员不及中国之二省,乃会试取士,及第三十三人,进士二百人,亦已过矣。况增广、别试、廷试、谒圣,或连年不断,或一年再举,及第出身者,弥满国中。"

朝鲜科举一方面继承高丽科举制的一些内容,另一方面也对中国科举制加以借鉴。高丽科举在自身发展变动的同时,还不断受到中国科举的影响,中国科举制的演进变动,往往在不久之后便会影响到高丽朝的科举。如《增补文献备考》卷一八四《选举考》一《科制》载，高丽仁宗十七年（1139），礼部贡院奏：

> 范仲淹云："先策论以观其大要，次诗赋以观其全才。以大要定其去留，以全才升其等级，斯择才之本也。"我朝制述业于第三场，迭试策论之无着韵偶对者，因此诗赋学渐衰。今后初场试经义，二场论策相递，三场诗赋，永为格式。

同书同卷末尾又载："《丽史》：国朝取士，预命知贡举。逮恭愍己酉，革旧法，为中原之制，至试前一日，主文考试等官始拜命。"可见高丽很注意科举制的故乡中国的科举改革，并随时加以模仿吸取。安鼎福所编《杂同散异·选举考·科制》载，徐居正曰："国朝科举之法，糊名卷子与高丽同，而余皆不同。其收卷官、封弥官、枝同官、易书等事，皆遵元制。"也就是说，一方面，李朝科举遵循自身科举考试的规律，受自身动力驱使，发展出不少独具特色的规制和办法；另一方面，又不断借鉴中国科举新法以改进自身。

科举在韩国历史上的地位甚至不亚于科举在中国社会中的地位。中国在明代，科举已被人们视为天下最公平的一种制度，万历十七年（1589），礼部郎中高桂说："我朝二百余年公道，赖有科场一事。"[1]而李朝在光海君统治期间，与中国非常类

---

[1] 〔明〕王世贞：《弇山堂别集》卷八四《科试考》四，北京：中华书局，1985，第1604页。

似,也有"我国公道,唯在科举"①之说。

李朝科举也出现不少与中国科举类似的弊病,有"近来科弊,难以毛举"②的说法,亦不时有关于科举存废利弊的争论。丁茶山曾说:"今计我东科举之法,与中华不同者十:一、不举而赴,士无定额也。二、学政无官,教授不豫也。三、大小异等,肄业不专也。四、军技取准,幸占难禁也。五、晷刻太缓,借述有暇也。六、考选不精,私意横流也。七、试卷不颁,功罪难验也。八、杂试频数,修业无日也。九、庆科连叠,幸门以启也。十、明经为主,选用殊歧也。"也就是认为朝鲜科举有十个方面不如中国科举。朝鲜科举出现的问题不亚于中国科举,因此不断有人提出改革建议。

尽管有许多人批评科举制的弊端,但现代韩国人在看到科举制消极作用的同时,也充分肯定科举制的积极作用,并将科举文化视为韩国的重要精神文化遗产来对待。2000年,韩国发行了千禧年纪念邮票,其中第四系列是有关韩国传统文化遗产的六张邮票,包括科举考试场景(韩时觉描绘科举的《北塞宣恩图》和科举及第后授予的红牌)、佛经的木制写字板、活字印刷使用的金属字模、《佛教圣人教义选》、新儒教代表人物安珦、在朝鲜王朝传播棉花栽培技术的文益渐和纺织机等。将反映

---

① [韩]《增补文献备考》卷一八七《选举考·科制》四,汉城:东国文化社,1964,第170页。
② [韩]《增补文献备考》卷一八八《选举考·科制》五,第194页。

科举考试场景的古画和及第凭证作为传统文化遗产纪念邮票，这反映出韩国人对科举文化的珍视态度。

　　科举制在选拔人才方面有其先进性和合理性。韩国学者李成茂指出："随着官僚制度的发展，在仕宦途中渐渐形成了一道阻止常人晋升的坚固长城，而科举则是助人突破这道长城升至高位的促进剂。科举的这种独特作用不为某个权势人物或某种权力机构所左右，它依靠考试制度客观地发挥着其作用，可以说这是科举制度的一大长处。"①当时的人们也认为"私门塞而公道开，浮华斥而真儒出"②，所以尽管不时出现改革甚至废止科举的呼声，但科举制直至高宗三十一年（1894）才遭停罢。

　　韩国的科举在充分发挥科举选拔英才的功能、维护社会公平与稳定的同时，也一样出现了许多弊端，与中国科举史上出现的问题基本相同，也有许多人批评科举制的弊端。但是在1894年，为了纪念韩国科举考试罢止一百周年，韩国曾举行规模盛大的效仿李氏王朝的模拟科举考试，即在成均馆大学举行文科殿试，在全国应试的儒学"生员"中，分甲乙两科考取状元，放榜后还举行了隆重热烈的"恩荣宴"和状元游行仪式。

　　在1894年废止科举之后，虽然不像中国那么激烈，但韩国

①［韩］李成茂：《高丽朝鲜两朝的科举制度》，张琏瑰译，北京：北京大学出版社，1993，第143—144页。
②郑道传：《三峰集》卷一三《贡举论》，汉城：国史编纂委员会，1971，第228页。

人对待科举,总的来说也是批判的多、研究的少。到后来,便成了深入研究的多、盲目批判的少,肯定的多、否定的少。韩国人在看到科举制的消极作用的同时,也充分肯定科举制的积极作用,并将科举文化视为韩国的重要精神文化遗产来对待,因此1994年才会在科举停罢百年之际举行隆重的纪念仪式。此后,在汉城还长期设有供人们参加的模拟科举考试,一些地方也举行模拟科举考试,作为保存传统文化的一种形式。

四、越南最晚废止科举

越南科举从公元1075年始,至1919年止,是周边三国中最迟实行科举,也是世界上最晚废止科举的国家。与高丽一样,越南实行科举和中国五代十国时期许多地方割据政权实行科举有类似之处,都是看出科举对选拔人才、稳定社会有积极作用才模仿采行。

越南科举始于李朝仁宗太宁四年(1075),但李朝科举只举行过四次,且录取人数不多,影响不大。陈朝建立后,陈太宗建中八年(1232)设立太学生科,从太学生中考取进士,并以三甲定高下。在举行过十次太学生科考之后,为了扩大科举取士的范围和影响,陈睿宗于隆庆二年(1374)创设进士科,考取了50名进士,越南进士科至此方才确立。

　　黎朝以后,则模仿中国明朝科举。明太祖洪武三年
(1370),朱元璋遣使颁科举诏,准许安南、高丽、占城士人在本
国乡试毕,贡赴中国京师参加会试。明成祖永乐五年(1407),
安南重入中国版图,设交趾布政使司。明宣宗宣德二年
(1427),明廷撤官吏军民北返,安南再次独立,黎利于次年
(1428)正式称帝,国号大越,至明英宗正统元年(1436)受明朝
册封为安南国王。黎朝的科举出现兴盛局面。

　　关于黎圣宗时的科举法,《大越史记·本纪·实录》卷三
《黎纪》载:

> 　　洪德三年三月,会试天下举人,取黎俊彦等二十六人。
> 其试法:第一场,"四书"八题,举子自择四题以作文;《论》
> 四题,《孟》四题,《五经》每经三题,举子自择一题作文,惟
> 《春秋》二题,并为一题作一文。第二场,则制、诏、表各三
> 题。第三场,诗、赋各二题,赋用李白体。第四场,策问一
> 道,其策题,以经书旨意之异同、历代政事之得失为问。

由此可见,越南当时的科举从内容到形式都与中国明代科举大
同小异。

　　阮朝于阮世祖嘉隆六年(1807)开乡试,其制度模仿中国清
代科举。阮圣祖明命三年(1822),初开会试恩科,并定试法,
《大南实录正编》第二纪卷一四载:

> 　　先期铸会试之印,建试场于京城内之南。分为内外场

及甲乙二围。照应试人数于围内各造号舍、悬名筒。……试题第一场制义经五题、传一题,第二场诏、制、表各一道,第三场排律诗一首、八韵赋一道,第四场策问一道、古文或十段、今文或三四段。试院设红案,以备奉安御题。贡监行文墨卷,书吏誊录朱卷,均用官令纸印红格。入场日,号舍外,武士各一人,终日纠察。贡监行文,用真字不得草书。收卷以日暮为限。外场官各期收卷后,照次送弥封、撰号、誊录、对读。墨卷留试院,朱卷送同考。每卷二人合同点阅,分优、平、次、劣。外场官审阅定去取。

同时定殿试法,铸殿试之印,为"抡才盛典"小方篆,银质。并再规定进士题名碑立于文庙门外左右。明命十年(1829),甚至还于科场中引进八股文这一考试文体。

在阮朝诸帝中,阮圣祖是一位特别重视科举的皇帝。他对科举改革等问题发表过许多意见并付诸实施。据《大南实录正编》第二纪卷一五四载,阮圣祖认为:"殿试第一甲最为难得,如其不取,则是乏才。若泛取之,恐无以惬士夫之望。""出题易,行文难,盖场官出题,有书可考。而士子行文,只是记忆而已。"并命派往清朝的人士多买书籍,颁布士林。他十分关心科举考试的一些具体问题,对考试场次、科目、内容、答题要求、格式、考生年龄等规定都曾亲自提议进行改革,并多次宴请新科进士。阮圣祖在位期间实行的诸多改革措施,使阮朝科举制度走向严密化、规范化。

中国科举也是越南科举创制时的主要依据。不过,橘逾淮而为枳,由于社会环境不同,即使是全盘照搬中国的科举模式,也不可避免要变得本土化。科举制度移植到越南后,自然会变得"越南化"。越南科举在长期实行的过程中,许多方面还是具有自己的特色,以下仅举四点。

其一,创设了一些新制度。越南科举中的太学生科、饶学试、四十分采点评卷法、"核"等等,就是该国科举的独创之制。又如,黎圣宗光顺三年(1462)所定乡试法,在四场考试之前,还要求"先暗写一场,谓之汰冗"①,也与中国科制略异。

其二,在科举中曾实行儒、佛、道三教考试。据《大越史记全书》载,黎太祖顺天二年(1429)五月,"旨挥诸僧道,有通经典及精谨节行,期以今月二十日,就省堂通身检阅考试,中者为僧道,不中者仍勒还俗"。在李、陈、黎三个朝代的一定时期里,越南间或举办试三教,虽然最后还是"三教归儒",但试三教是越南根据本国的国情对科举制的主动适应,具有鲜明的越南特色。②

其三,以大象把守试场防止作弊。《大南实录正编》第二纪卷二一五载,在明命二十一年(1840)以前,"向来京外各试场,

---

① [越]《越史通鉴纲目》正编卷一九。
② 参阅罗长山《越南科举三教考试问题初探》,《东南亚纵横》1993年第2期。

例有派拨兵象弹压"。帝曰:"象所以用之战阵,若夫考试士人,派兵防察足矣,安用象为? 准嗣后试场,毋须派象,著为令。"这种防范办法似乎是兵临城下,有点草木皆兵了,因此才被废止。用大象来把守科场,在东亚科举史上是绝无仅有的现象,这也体现出各国科举的多样性。

其四,会试与殿试采用十分等级评定办法。越南阮朝乡试之评卷与清代相似,以优、平、次、劣四项评定等第,而会试、殿试阅卷则首创以分数定等第。阮朝申定会试分数始于明命十年(1829),其办法为:十分或九分为优项,八分或七分为优次,六分或五分为平项,四分或三分为平次,二分或一分为次项,不及一分者为劣项。① 三期(场)通得十分以上为正榜,一期(场)九分至四分并二期(场)通得十分以上为副榜。后各皇帝又稍有斟改。②

与日、韩科举比较起来,越南模仿中国科举在有些方面更到家,例如韩国科举史上长期未设立贡院这种大规模的科举专用考场,而越南不仅在科场中采用八股文,还建立了规制严整的专用试场,与中国明清时的贡院十分相似。甚至越南科举史上因反对和议或听说泄题,也曾多次出现士子"闹场"的情形。相对韩国科举而言,到后来越南科举似乎与中国科举更类似。

---

① [越]《古今科试通考》卷三《皇朝科考之法》,越南嗣德二十六年(1873),拙轩藏版。
② 参阅刘志强《越南阮朝科举及其本土特色》,《东南亚纵横》2010 年第 4 期。

"科甲中来名不朽",这是越南河内孔庙中一方石碑上的文字。在大多数越南人的眼中,科举是他们国家历史上一个难能可贵的人才选拔制度。

韩、越科举制度的发展一方面遵循自身科举考试的规律、受其动力驱使,另一方面又不断借鉴中国科举新法加以改进。如韩国科举中的地理业、何论业、开京试、汉城试、七夕制等,越南科举中的太学生科、饶学试、四十分采点评卷法、"核"等等,就是各国科举的独创之制,具有鲜明的特色。各国科举日益走上独立发展的道路,但从大的方面来说,仍不出中国科举的格局,始终不能排除中国的影响。而科举制为东亚国家所借鉴,在一定意义上形成了东亚科举文化圈,有力地促进了中国文化的传播和各国文化水平的提升。①

① 参阅刘海峰《中国对日韩越三国科举的影响》,《学术月刊》2006 年第 12 期。

第七章

科举西传及其影响

丁韪良(W. A. P. Martin)考察顺天贡院号舍

科举制是具有国际影响的考试制度，或者说是具有世界影响的中华文明产物。它不仅被东亚一些国家所模仿，而且还为英、法、德、美等西方国家所借鉴，进而对世界各国产生或直接或间接的影响。作为现代文官考试制度的历史渊源和各种考试的始祖，科举对世界文明的进程起了推动作用。本章在综述科举西传说的由来的基础上，介绍科举制对英法美等西方国家的影响，并论述科举西传说得以确立的根据。

一、科举西传说的由来

中国人中较早提出科举西传说的是康有为。1898 年 6 月，他在戊戌变法中上《请废八股试帖楷法试士改用策论折》，说：中国历代科举"虽立法各殊科，要较之万国，比之欧土，皆用贵族，尤为非才，则选秀于郊，吾为美矣，任官先试，我莫先焉。

美国行之,实师于我"①。康有为明确指出美国实行的文官考试制度是学习中国科举而来,就笔者目前所见到的资料,他是最早提到科举西传说的中国人。

另一位较早提到科举西传的是梁启超,他于 1910 年指出:"夫科举,非恶制也。所恶夫畴昔之科举者,徒以其所试之科不足致用耳。昔美国用选举官吏之制,不胜其弊,及一八九三年,始改用此种试验,美人颂为政治上一新纪元。而德国、日本行之大效,抑更章章也。世界万国中行此法最早者莫如我,此法实我先民千年前之一大发明也。"②可见梁启超是深知科举曾影响世界列强的。

对科举西传说影响最大的是孙中山的说法。1921 年 4月,孙中山在广东省教育会的一次演说中就已指出:"英国实行考试制度最早,美国实行考试制度不过二三十年,英国的考试制度就是学我们中国的。中国的考试制度是世界中最好的制度。现在各国的考试制度亦都是学英国的。"③后来他还在其他不同的场合重复过这一说法。孙中山虽不是第一个提出科举西传说的中国人,但他关于这一说法的演讲流传很广,后来一些中国学者对科举西传问题进行研究便是受到孙中山的启

---

① 康有为:《请废八股试帖楷法试士改用策论折》,见中国史学会主编《戊戌变法资料丛刊》第 2 册,第 208 页。
② 梁启超:《饮冰室合集》文集之二三《官制与官规》,第 68 页。
③《孙中山全集》第 5 卷,北京:中华书局,1985,第 498 页。

示和激发。作为历史陈迹，曾经显赫无比的科举在中国逐渐为人们所忽视，再谈科举容易被进步人士视为"顽陋"。因此，一些谈及科举考试史的人，包括孙中山，为避免用"科举"这一很"难听"的名词，常代之以"中国历史上的考试"等说法。

1933 年，美籍华人学者罗纳德·S. 苏（Leonard S. Hsu）谈道："几乎所有的西方学者都没有注意到当今世界现存的高级公务员制度起源于中国这样一个事实。我们有足够的证据证明中国对这一制度的影响，而它往往被西方学者所忽略。我们认为，中华帝国的科举制度，随着时间的推移得到传播并成为世界其他国家实施和发展行政精英制度的基础。毫无疑问，美国公务员竞争考试的特点主要受英国的影响，而英国公务员制度则来源于中国。"①不过，他肯定看到了不少资料（"足够的证据"），但并没有对此问题作专门的研究。

1942 年 10 月，当时在重庆国立中央大学任教的张沅长在美国重要学术刊物《美国历史评论》上用英文发表了《中国与英国的文官改革》一文。他主要根据 1855 年前后英国议院辩论记录及相关资料进行研究，并得出结论说："（一）中国的科举制度在英国已广为人知；（二）在当时英国的期刊文献和议会辩论

---

① Leonard S. Hsu, Sun Yat-sen, *His Political and Social Ideals*, *University Parks*, Los Angeles: University of Southern California Press, 1933. 参阅石庆环《中国古代科举制度与西方近代公务员制度的传承》，《东北师范大学学报（哲学社会科学版）》1999 年第 2 期。

中,竞争考试的观念均与中国相关;(三)议会内外都认为考试制度是中国创立的制度,而且没有人加以否认;(四)没有任何其他国家先于中国采用竞争性的文官考试制度,而且没有任何西方的个人、国家或种族声称其拥有考试制度的发明权。基于这些证据,中国考试制度的影响的确应当得到承认。"①该文并不很长,但是中外学术界第一篇关于中国科举考试对英国和西方影响的论文。

另一位研究科举西传的中国学者是旅居美国的邓嗣禹。他在 1941 年草成、1943 年 9 月在《哈佛亚洲研究学报》上发表了题为《中国对西方考试制度的影响》的英文论文。② 文中结论认为:"根据上述所有同时代的证据,我们可以确凿无疑地证明:中国的科举制是西欧制定类似制度的蓝本。"该文发表的时间虽比张沅长文略迟,但长达三万余字,旁征博引,论述详赅,长期以来在海外引起广泛的反响,被收入多种文集,在西方汉学界几乎无人不晓,已被公认为是经典性的论文,对改变西方学术界的看法起了重要的影响。

1953 年 7 月,邓嗣禹文又以《中国考试制度西传考》为名在台湾出版了中译单行本。随后,中外关系史专家方豪在香港

---

① Y. Z. Chang, "China and English Civil Service Reform", *American Historical Review*, Vol. XLVII, No. 3, April 1942, pp. 539—544.

② Ssu-yu Teng, "Chinese Influence on the Western Examination System", *Harvard Journal of Asiatic Studies*, Vol. VII (1942—1943), pp. 267—312.

《民主评论》半月刊第 4 卷第 15 期发表了《西方考试制度果真受到中国影响吗?》一文,对邓嗣禹文的论点提出质疑。他举出明末来华的西人艾儒略(Giulio Aleni)刊于天启三年(1623)的《职方外纪》和《西学凡》中提到笔试的史料为据,认为西方笔试并非始于 18 世纪以后。但他也认为:"西方所受中国影响的,真正为中国考试制度上所独有的,不是笔试,不是官吏考试,而是西方从前只有一校一院的考试,中国却是合各县各府各省的学子而举行规模不同、程度不等的会考。只有这点,中国影响了西方。"

1965 年,学者罗伯特·蒙哥马利(R. J. Montgomery)出版的《考试:它们在英格兰作为行政措施的演进》一书,则认为英国文官考试制度之由来可归因于牛津、剑桥等大学的考试制度,完全未提中国科举制的影响。[1]

其后,还有几位外国学者在邓嗣禹文的基础上对此问题作了一些探讨,如日本学者矢泽利彦也曾于 1959 年在《琦玉大学纪要》第 6 卷发表过《西洋文献中所见明代科举制度》一文。唐纳德· F. 拉赫(Donald F. Lach)于 1965 年出版的《16 世纪欧洲人眼中的中国》一书,新发现了几条西方人对明末科举制

---

[1] R. J. Montgomery, *Examinations: An Account of Their Evolution as Administrative Devices in England*, London: Longmans Press, 1965, pp. 17—43.

度的记载,并认为欧洲人曾从中国科举中学到了笔试形式。①

1970 年,顾立雅(Herrlee Glessner Creel)在《中国政术之起源》一书中,声称自己在详细研究考试制度史之后,发现中国确实是最早采用考试制度的国家,并认为中国的考试制度曾在 12 世纪影响过中东的医学考试,进而影响欧洲的学位考试,17 世纪以后又影响了德国、英国考试制度的建立。② 顾立雅、拉赫还考证出德国于 1693 年便采用了笔试方式选拔法官,但也曾受到中国科举的影响。③ 笔者于 20 世纪末出版的《科举考试的教育视角》一书④,有关章节虽曾利用过一些新资料,但当时未作深入的探究。

另外,有个别对此问题不太了解的中国学者否认西方或英国的文官制度曾受到科举制的影响。如说德国早于英国一个多世纪即实行考试制度,从地域和文化交往来说,德国对英国的影响理应强于中国,而且学术界一致认为德国是欧洲实行考试制度的始作俑者。因此,仅从单线来考虑中国,恐怕是片面的。没有直接资料证明英国的文官考试制度是借鉴中国科举

---

① Donald F. Lach,*China in the Eyes of Europe*, *the Sixteenth Century*,Chicago: University of Chicago Press,1965,pp. 780—782.

② Herrlee G. Creel, *The Origins of Statecraft in China*,Chicago:University of Chicago Press,1970,pp. 15—27.

③ Herrlee G. Creel,*The Origins of Statecraft in China*, The Problem, p. XII, Note 93.

④ 刘海峰:《科举考试的教育视角》,武汉:湖北教育出版社,1996。

考试制度的。①

　　西方考试制度是否真的受到过科举制的影响？这一说法能否确立？1870年前记载有关科举的内容的文献是否仅邓嗣禹文所列的70余种？孙中山关于英国考试制度是从中国学过去的说法根据从何而来？弄清楚这些问题，不仅在科举学研究中具有重要的学术价值，而且对全面正确评价中国传统文化及为当代考试制度改革提供历史借鉴等方面都具有重大的意义。2001年，笔者曾在《中国社会科学》第5期上发表了《中国科举制对西方考试制度影响新探》一文，力图回答以上这些问题。

二、英法美文官考试对科举的借鉴

　　在科举制产生和初创的时期，中国和遥远的欧洲是两个基本互相隔绝的、不同的文明系统。中国考试制度对西方最早的影响，很可能是12与13世纪中国医学选拔考试方法，经由阿拉伯人介绍传到西西里王国，并引入西方。比较确切的时间是16世纪以后，许多来华的欧洲传教士将中国的科举考试办法介绍回西方，并大加称颂，引起西方人的特殊兴趣。西方文献中关于科举制的最早记载见于葡萄牙人克鲁兹的游记。他于

---

① 王敬松：《也谈官吏制度与文官制度》，《光明日报》1989年12月20日。

公元 1556 年来华，是到中国的第一个传教士。1569 年他回到葡萄牙，1569—1570 年间，他用葡萄牙文写作的游记在威尼斯以意大利文首次出版，文中提到中国官员"系由考验其学问而后产生"，并简要记述了举人和进士的情况。1585 年，西班牙修道士门多萨出版了《伟大中国之历史及其现状》，该书第 1 部分第 3 卷第 14 章，专门描述"考博士学位者的考试，及其如何及第，如何对待同年"。

1615 年耶稣会士金尼阁根据利玛窦的日记及其言论编纂成《基督教远征中国史》，以拉丁文在德国奥格斯堡出版，该书在欧洲不胫而走。其第 1 卷第 5 章详细地介绍了中国科举考试的全过程，包括府州考试、岁试、乡试及举额分配、贡院规制、乡试程序与内容、试卷评阅方法、会试、殿试、进士的授官、武举等各方面。1667 年，曾在中国居住 22 年的葡萄牙人曾德昭的《分成三个部分的中国通史》法文版在里昂出版，其中有三章专门系统地描述了科举制的全貌，在第 8 章第 61 页还说："这些考试构成国家最重要的事务，因为它们事关权位、声望荣誉及财富。它们是大家关切注意的目标，是大家关怀备至、魂系梦萦的事物。"

不过，真正借鉴中国科举建立自身文官考试录用制度的还是英法美等国家。这里主要参考前述邓嗣禹文，简述科举制对英国、法国和美国的影响。

（一）科举制对法国的影响

由于各种有关中国的书刊的介绍和描述，以及欧洲人对中国的兴趣和好奇，在 18 世纪下半叶至 19 世纪上半叶，科举考试制度在欧洲包括法国知识界已为人们所熟知。当时欧洲人对遥远的中国充满了好奇，对处于另一文明系统的东方古国中国的一切皆感到新鲜，特别是在 18 世纪，中国成为刺激欧洲文学、哲学和工艺、绘画灵感的重要来源。许多法国人的著作和书信中，对中国的科举制往往赞赏有加。

例如，1712 年 9 月 1 日彭德加会士在致印中传教会会士的信件中，谈到了崇明岛上的文人绅士的情况，并说："岛上有近四百名秀才，其中有三人是基督教徒，两名武秀才，七八个举人和三四名进士，还有许多十五六岁至四十岁左右的书生，每隔三年到县堂去参加一次考试，由地方长官出考题。所有的人都希望考上秀才，尽管中者寥寥无几，长期不辍的用功与其说是想使自己变得聪明能干，毋宁说是由金榜题名的雄心所支撑。秀才除了能免除长官的处罚，还被授予进见长官的特权，可以与长官对坐共食。这在中国被视为是极大的荣耀，平民百姓是无此殊荣的。"①

---

① *Lettres édifiantes et curieuses*，*écrites des missions etrangéres par quelques missionaries de la Compagnie de Jesus*，Paris，Vol. 11，1715，pp. 175—286. 参阅杨学为总主编《中国考试史文献集成·第 6 卷·清》，第 708 页。

1735 年,巴黎出版了法国耶稣会士杜·荷尔德的《中国纪实》巨著,该书有若干章节谈到了中国的教育、科举,并详细叙述了秀才的岁考方法和作用。18 世纪上半叶开始,法国兴起了一股推崇中国文明的热潮,而以科举制为核心的中国文官制度和整个中国文明也使伏尔泰、孟德斯鸠、狄德罗、卢梭等一代哲人心悦诚服,如伏尔泰曾受荷尔德书籍的影响而向慕中国文化,他曾说:"假如有一个国家其人民的生命、名誉及幸福都受到法律保障的话,那么就是中国。"论到中国文官制度,伏尔泰赞赏中国由文人考取的官员,他们奉行儒家信条,克尽其职,不为外物所动,因此他说:"人类的确不可能想象出一个比这更好的政府,在那里一切事务均由互相制约的部门统理,而其成员只有通过层层严格考试后才能录取。中国一切事务都通过这些部门加以调节。"①

法国重农主义经济学家魁奈(Francois Quesnay)是《中华帝国的专制制度》一书的作者,其学说曾为法国大革命开辟道路。他甚至直接主张欧洲引进中国的科举考试制度。他认为中国的公开竞争考试制度是一个良好的典范。据说魁奈"像与他同时代的所有中国迷一样,极为推崇这一制度,并期望在欧洲推行类似的制度;他主张……统治者的首要职责就是依此促

---

① Francois Voltaire,*Oeuvres completes de Voltcure*,t. 15,Siecle de Louis XIV,pp. 162—163.

进教育发展。这一制度是政府的基石,但是除中国以外,所有国家都忽视了它的必要性"①。重农主义者都一致想将"中国精神"推行于法国。许多法国学者认为法国教育的确是以中国的竞争性笔试原则为基础的,以竞争考试选拔文官的观念,无疑源于中国。因为这一制度通过哲学家(尤其是伏尔泰)的宣传在法国已是众所周知。②

法国 1791 年开始实行文官考试制度,但大革命后渐趋松弛,1840 年后法国又重新考虑建立文官制度,至 1875 年法国文官系统基本形成。美国汉学家卜德(Derk Bodde)在《中国思想西入考》一书中说:"法国人对中国的热情在 1789 年大革命之后逐渐消失了,但科举制仍然是他们从中国学来的一项重要的遗产。"③

(二) 科举制对英国的影响

英国也有许多向慕中国文化的学者,18 世纪不少学者认为中国通过科举考试选拔人才,使中国的行政管理水平远在其他国家之上,并认为中国历史悠久的文官制度和监察制度值得英国仿效。英国是中国科举制对欧美文官考试制度造成影响

---

① G. F. Hudson,*Europe and China*,London,1931, pp. 323—326.

② Ssu-yu Teng,"Chinese Influence on the Westen Examination System",*Harvard Journal of Asiatic Studies*, Vol. VII (1942—1943), p. 283.

③ Derk Bodde, *Chinese Ideas in the West*, Washington D. C.：American Council on Education, Fourth Printing, 1972, p. 25.

的典型国家和重要中介。

17世纪以后,多数关于中国的书籍都被译成英文在伦敦出版过,有大量的英文论著谈到了科举制。例如,1775年,一位英国作者在伦敦出版的《中国旅行者》中概括了科举考试制度的五点好处:"第一,好闲怠惰的青年因常年致力于举业可避免误入歧途。第二,学习使他们睿智明察。……第三,能者始能为官,即使他们无法杜绝因某些官员贪婪腐败而酿成祸害,至少也可以加意防止因无知无德而造成的不良后果。第四,既然官职是授予的,皇帝就可以十分公正地黜退不称者。……最后,人民无须为审议机构纳费。"1788年在伦敦出版的《中国概述》,第2卷中说道:"为了提高和鼓励学习,欧洲人怎么也想不到彼此竞争的中国人所居住的区域是多么辽阔,如果路易十四从那些知道并支持我们看法的人那里获得这些消息,那他就会发现,在教育考试方面,与这些君主相比,甚至与那些远住在荒远沙漠中的鞑靼人相比,他都将自叹不如。"①作者认为中国通过科举考试选拔人才,使中国的行政管理水平远在其他国家之上,并认为中国历史悠久的文官制度和监察制度值得英国仿效。

1815年,马礼逊(Robert Morrison)编撰的《华英字典》在澳门出版,《华英字典》第一卷中用相当篇幅介绍了中国科举制

---

① *A General Description of China*, Vol. 2, London: Robinson, 1788, p. 289.

的历史发展、条令规则和实施情况,其所论根据中国官方文献和敕令如《科场条例》《学政全书》等撰成,为西方人全面了解科举制度提供了很好的工具书。1838 年,郭施拉在伦敦出版的《开放的中国》中说:"这一伟大帝国的各种制度中,没有哪一种能像开科举、从最有才华的青年中选拔政府官员那样,给予其创立者这么大的荣誉。……在中国学而优则仕,不问其身份如何……这一原则是很崇高的,很值得其他国家采行,至于如何选用,则取决于试行国的国情。"

1835 年,留居中国的英格尔斯撰文指出:"在选择行政官员上,去设计出一种比前面所述通过科举取士更完美的方法,从理论上说似乎更公允,但实际上是不可能的。……或许它只是中国政府制度的一个部分,但作为一般的制度,它是古往今来的某个或其他伟大的君主制度所无法相比的。也许这就是他们所创造出来的唯一值得保留的制度,而此制度还未被其他国家所采用。"[1]

当时有些英国人士认为可以考虑借鉴中国的科举制度。1838 年,麦都思在《中国:现状与前途》一书第 7 章谈到科举制时说:"在任何等级上,该制度被认为能够确保选出一群有学问的官员。假如我们的文职官员和副职官员在得到委任之前,能够

---

[1] R. Ingles, "Literary Examinations Considered as a Proof of Ability to Serve in the Magistracy; Manner in Which the Examinations are Conducted", *Chinese Repository*, Vol. 4, July 1835, pp. 118—135.

采用某种三级考试的选拔,那么他们就不会经常出差错了。中国人将科举制视为他们国家的光荣,并蔑视那些没有实行科举考试的国家。"在该章节的最后,他还提出:"如果学习的过程得到改进和扩展,如果所有弊端能认真地加以防范,该制度本身是真正值得赞赏和值得模仿的。至今为止,它是中国保存得最纯洁、创建得最好的制度。"①

在主张仿行科举制的英国人中,最为热情而执着的就是麦都思,他于 1835 年来到中国,并在 1847 年出版了《中国札记》。该书的主要写作目的之一就是强烈呼吁建立起向全体英国臣民开放的竞争性的考试制度,从而提高英国行政官员的水平,并促进大英帝国的团结。他认为"中国国脉所以能历久不坠,其原因仅仅是也完全是因为它有一个只起用贤能有德之士的好政府"。在得到当时英国驻广州的领事的首肯之后,麦都思做出了一个创举:为聘任英国驻广东的办事机构的办事员举行了竞争性考试。1854 年,他告假返回英国,又以极大的兴趣考察文职和军职考试的进展。1856 年,麦都思出版了另一本著作《中国人及其叛乱者》,在该书中他进一步主张"应该像中国近千年来几乎一成不变地实行科举制那样,只有考试合格者才能获准在英国三大行政部门各个分支机构任职"。麦氏所强调的是中国科举考试制度的原则,并将公平竞争的原则和方法运

---

① Walter Henry Medhurst, *China: Its State and Prospects*, pp. 179—180.

用于英国。他的观点在当时的英国社会具有相当的影响。

　　1853 年，英国任命麦考莱组织委员会考察东印度公司已先行采用的考试选才的官职任用制度。在调查的基础上，麦考莱写成报告书，报告书的基本思想是通才教育、择优选官。在此前后，财政大臣格莱斯顿委托查尔斯·特利维廉和诺斯科特等研究永久的文官制度，并提出选拔官员的最佳办法，这两人都曾与东印度公司有关。他们于 1853 年 12 月拟成的关于建立常任文官制度的调查报告，为英国现行的文官考试制度奠定了基础。报告将事务官与考试联系在一起，即凡欲担任政府事务官者，必须考试录用。1854 年 11 月，由麦考莱等人共同签署的《印度文官制度报告书》提交议会。该报告的要点为：建议建立一套完整的考试制度，有关考试事宜应由一位权威人士主管的考试中心全权负责；考试必须采取竞争性的笔试办法，对考生的年龄、健康和品行也应定出具体的要求；对于高级职位，应有相当于国内最高教育水平的竞争性考试。换言之，学校考试与文官考试应紧密配合。所有考试，应定期举行。低级职位的考试可在地方上举行，以利于那些付不起旅费的考生投考。同时文官考试及格后，尚需经过一个严格的试用期再决定可否获准进入行政机构任职。

　　显然，这些建议和方法与中国科举考试的原则十分相似。但是，经过议会辩论后于 1855 年 5 月开始实行的英国文官考试制度，只是吸取了科举制的合理内核，即考试的平等竞争精神,而舍弃了科举制考空疏无用的经典内容的方面,此后英国各种文官考试的内容均为数学、法律、政治和历史、国际关系等与各种文官职位密切相关的学科。1870 年 6 月,新上台的帕麦斯政府,为迎合舆论,颁布了《关于录用王国政府官员的枢密院敕令》,规定凡要进入政府各部门工作,都必须经过竞争性考试。至此,英国文官考试走向制度化和正规化。

当时,就有人认为英国建立文官考试制度是受到中国的影响。1857 年 4 月,英国著名的权威刊物《威斯敏斯特评论》评论说:"这些中国的'外夷'(英国人)的确只是从中国科举考试的书籍中学到一页而已。"①当然,英国借鉴科举并非生搬硬套,而是取其精华、去其糟粕,青出于蓝而胜于蓝,吸取了科举制的合理内核,即考试的平等竞争原则和择优录用方法,而舍弃了科举制考试空疏无用的古代经典内容的做法,因而后来被其他欧美国家和日本等国所仿效。

法国、德国早期建立的文官考试制度较不稳定和不正规,对其他国家影响也较小。而英国在 19 世纪正处于鼎盛时期,号称"日不落帝国",其于 1855 年以后实行的文官考试制度较为系统且卓有成效,因而后来被其他欧美国家和日本等国所仿效。英国成为中国科举制度对欧美文官考试制度造成影响的典型国家和重要中介。

---

① *The Westminster Review*,Vol. LXVII,April 1857,p. 295.

(三) 科举制对美国的影响

深受政党分肥制所带来的周期性政治震荡困扰的美国政府,在 19 世纪 60 年代之后,也在考虑采用择优录取的文官考试制度。美国的文官考试制度基本上是模仿英国的产物,部分系取自德国,不过,除了经由英国而间接受到中国的影响,史料表明科举制也曾在一定程度上直接对美国文官制度产生过影响。

卫三畏(Samuel Wells Williams)在 1848 年出版的《中国总论》一书中,对中国的科举制进行了相当详细的评论。在指出存在贿买秀才等弊端之后,他说:"尽管存在这些可恶的腐化现象,且这些现象似乎也波及和影响到整个国家机器运转的有效性与和谐性,那也不容否认,从科考的结果来看,中国政府的高官阶层中的不少官员都怀有让人极为敬佩的才能和知识,及正直、爱国、勤奋和有条不紊地工作的态度。维持着国家这个庞大机器的不停运转,同时也证明对这些上层官员的筛选是正确的。……因而可以这样推论,激励起一代又一代的学者们为科考而竞争,使社会保持着一种不衰的崇文风气,就是这种制度给人们的莫大回报。"①

美国的文官制度,首先是由罗得岛的国会议员托马斯、詹

---

① Samuel Wells Williams, *The Middle Kingdom*, New York, etc., Vol. 1, p. 570. 参阅杨学为总主编《中国考试史文献集成·第 6 卷·清》,第 704—707 页。

克斯系统提出的。此前美国虽曾讨论过两个关于考试录用官员的法案,但因过于简单而流于形式。1868 年 5 月,詹克斯在"紧缩问题联合选举委员会"中提出的报告被送交众议院,向议会详细介绍了中国、普鲁士、英国的文官制度,其中有一章题为"中国的文官制度",所介绍的考试录取官员的做法引起议员们的注意和兴趣。同年,当波士顿市政府欢迎一个中国使团时,爱默生的演说赞扬了中国科举制:"目前中国使我们最感兴趣的是它的政治。我相信在座的先生们一定还记得罗得岛可敬的詹克斯先生曾两次力图使国会通过的那份议案。那份议案要求担任公职的候选人必须经过考试,以证明他们的知识水准是够格的。的确,在杜绝任意用人方面,中国是走在我们前面了,也走在英国和法国前面了。在中国的社会生活中,教育受到高度重视,这是使中国享誉域外的必不可少的凭证。"

1868 年 10 月,在中国京师同文馆任总教习的美国人丁韪良,出席了在波士顿召开的美国东方学会会议,并宣读了题为《中国的竞争考试》的论文,在文中他极力建议美国政府应该像新近实行文官考试的英、法、德等国一样建立文官考试制度,并向长期有效地实行科举制的中国学习。其中说道:

> 这既不是我们向中国人学习的第一课,也不是他们所能给我们的最后经验。在各种我们所得到的恩惠中,我们应该为指南针、火药,也许还有印刷术的遥远启示而表示

感激。……可以断言，如果我们采用中国测试候选者能力的办法来选拔最优秀的人任政府公职，那必将对我们的文官政府产生积极作用，其益处将大于那些技术方面的发明。①

此文于 1870 年 6 月在《北美评论》上发表，并收入他本人于1880 年出版的《翰林文集》中。

1870 年，史皮尔（Spear）在《最古老与最年轻的国家：中国与美国》一书中说："中国人民的竞争使用于整个政府管理的政治原则公开化。为保证地方行政官员有知识、有能力和值得信赖，各种提拔的基础就根植在教育之上。面对这一事实，整个世界无不为之赞美。听吧！西方国家，它没有世袭等级，或许没有个人荣耀，它没有财富的权力，它不主张任人唯亲，它也不去迎合世俗的偏见和利益。"他看到广东乡试的盛况，并描写道："此际，全城、全省都处在一个兴奋的骚动之中，信差在恭候，随时准备用船、马和跑步等方式，将发榜的结果报至全省的每一个角落。在中榜者的家乡，一旦他们归来，便张灯结彩，设宴欢迎。面对此，我流下了遗憾的眼泪。在我亲爱的祖国，却看不到如此令人崇敬和令人兴奋的场面。这种伟大的基本原

---

① W. A. P. Martin, "Competitive Examination in China", *The North American Review*, July 1870. Reprinted in Martin, *Hanlin Papers*, *Or Essay on the Intellectual Life of the Chinese*, London & Shanghai, 1880, pp. 52—57.

则的糅合,是美国共和体制最缺少的东西。"①他也主张美国借鉴中国的经验实行考试选拔制度。他们的观点或多或少影响到美国的行政改革。

然而,实行考试录用的行政改革步履维艰,一些国会议员对此类议案冷嘲热讽。他们习惯于政党分肥制,反对以考试来决定候选人员是否称职,因为他们认为这种办法是中国式的、外国式的,"非美国式的"。从理论上说,这种考试也许是正确的,可在实际上却行不通,因为中国有许多官吏贪赃枉法,甚至卖官鬻爵。但赞成者反驳道,西方国家应该借鉴中国科举考试的平等竞争观念,使其适合于各国的需要而发展,不能因为中国没有实现其理想而完全抛弃这种方法。1883 年,以平等竞争为原则的文官考试法案(又称彭德尔顿法)终于获美国国会通过,该法案规定政府事务官的录用,必须经过公开考试,择优录用。从此以后,考试录用事务官,成为美国文官制度的一条基本原则。到 1893 年,美国文官考试制度完全确立。

欧美国家借鉴科举建立了文官考试制度,科举像一桶威力巨大的火药,炸开了英美政党分肥的大门。东方古老的科举制移植到西方的文化土壤中后,各国结合本国的国情,化腐朽为神奇,结果确实为各国的政治制度开创了新局面。

---

① William Speer, *The Oldest and the Newest Empire*: *China and the United States*, Hartford: S. S. Scranton and Co., 1870, pp. 538—540.

美国历史学家威尔·杜兰的《世界文明史》一书,在谈到中国的科举制时说:"这些官员是经由人类所发展出的选择公仆的方法中最奇特、最令人赞赏的方法所选举出来的。这个方法柏拉图将会很感兴趣;虽然这个方法已经失败,今天已不再采用,但是柏拉图一定会因为中国有这套办法而喜爱中国。就理论上来说,这个方法最能调和贵族政治和平民政治:人人皆有平等做官的机会,但只有那些适合做官的人才有机会做官。事实上,这个方法实施一千多年来,给中国带来许多好处。"并指出:"这个制度是有缺点的,凡由人类所构想和推行的政府机构有哪个没有缺点呢? 所以,这个制度的缺点是人为的,而不是制度本身的;至于世界其他各国的,则比中国的还差呢!"①

三、科举西传说的确立

由于各种有关中国的书刊的介绍和描述,以及欧洲人对中国的兴趣和好奇,在 18 世纪下半叶至 19 世纪上半叶,科举考试制度在欧洲尤其是在英国知识界已为人们所熟知。曾经担任英国驻广州领事馆翻译和领事的密迪乐(Thomas Taylor Meadows)在 1847 年于伦敦出版的《关于中国政府与人民之散

① [美]威尔·杜兰:《世界文明史》第 1 卷(4)《中国与远东》,第 196、199 页。

记》一书中说：中国奉行由贤能之士组成政府的原则，"对于以此原则为基础的科举考试制度的存在，每一位受过教育的欧洲人都了如指掌"。①密迪乐这么说是有根据的。因为16世纪至19世纪中叶，欧洲人对遥远的中国充满了好奇，对处于另一文明系统的东方古国中国的一切皆感到新鲜，特别是在18世纪曾出现过全欧洲范围内的"中国热"或"中国文化热"，而当时有关中国的书刊中又常有描述科举考试的章节，因此，一般欧洲知识分子多知道中国的科举制。在这种情况下，欧洲国家后来出现的考试制度自然多少会受到中国科举制的影响。欧洲国家文官考试制度的建立曾受到大学中竞争性考试的启示，但英国的大学笔试至18世纪才开始，而在当时中国采用竞争性的公开考试选拔人才的方法在欧洲已广为人知的情况下，牛津、剑桥等大学19世纪初建立的学位考试制度至少间接受到过中国科举制的影响。

为了证明中国科举制曾影响西方考试制度这一论点，邓嗣禹广泛查寻，细大不捐，发现1870年前谈及中国科举的西方文献有70余种之多。笔者则进一步发现1570—1870年间主要用英文出版的涉及中国科举的文献远不止邓嗣禹所列的70余种，在此之外至少还可以找到近50种相关文献，总数当在120

---

① Thomas Taylor Meadows, *Desultory Notes on the Government and People of China and on the Chinese Language*, London, 1847, p. 124.

种以上。

关于西方文官考试制度受中国影响的说法,邓嗣禹《中国对西方考试制度的影响》一文已谈到 19 世纪中叶以后一些英国人将文官考试制度与中国联系起来的情况。如 1847 年《爱丁堡评论》载文说:"事实上,我们从来就没有看见一种办法比这种办法更像中国的制度的。"1853 年 6 月 23 日英国议会的辩论记录中载,史丹莱爵士说:"诸君……已采行了一种本国所未有的制度,但这个制度据说已风行于中国,因此我们或可称之为中国制度。"1873 年 11 月号《福来塞杂志》也认为:"赞成这种制度的很多动人的言论,无非是根据中国推行这种制度的成功而提出的。"①

以往邓嗣禹等人的研究虽举出了大量资料说明英、法、美等国建立文官考试制度曾受中国科举的影响,但因为没有举出直接指明"这是借鉴中国科举而来"的资料,而被一些人认为此说尚不能确立。我认为,由于东西方文化和国情之间的差异,18、19 世纪的欧美国家不可能像 10、11 世纪的高丽、越南等东亚国家那样照搬中国的科举制,朝鲜科举有进士和状元,越南科举连贡院和八股文也学过去,这种情况只能出现在汉字文化圈的国家。而且,相对于有形的器物文化而言,无形的制度文化之借鉴总会产生"橘化为枳"的变异,也不像器物文化那么直

---

① 《邓嗣禹先生学术论文选集》,台北:食货出版社,1980,第 160 页。

观。考察西方国家是否借鉴了中国的科举制,关键是看其是否吸收了考试选才的本质精神——公开竞争、平等择优,至于考试的内容和具体方法,不可能一样。因此,在已证明西方考试制度是将科举考试的公平竞争原则借鉴过去的情况下,如果我们能够找出英、法、美等国实行文官考试之后的明确的定性说法,则可以使科举西传说得到确立。

英国于 1855 年实行文官考试制度以及美国于 1883 年开始仿行之后,有一些资料明确指出科举制曾对欧美国家产生过影响。1884 年 3—4 月出版的《教务杂志》第 15 卷第 1 号,刊载了一篇评论卫三畏《中国总论》第 18 章"中国制度恒久的原因"的书评,该文在对《礼记》所载先秦考试办法,以及密迪乐于《关于中国政府与人民之散记》一书中称赞科举制的观点作了介绍之后,特别指出:"这一强有力的证据表明,科举考试制度的优点和中国政府的榜样已影响了欧洲和美洲一些最开明的国家采用这种方法以提高其文官的效率。"①这是在英国于1855 年试行并于 1870 年全面推行文官考试,以及美国于 1883年开始采用文官考试制度后作出的评论,具有很强的说服力。

最为肯定科举制曾影响西方国家并直接主张美国仿行的是美国在华传教士丁韪良。丁韪良是一名中国通,从 1865 年

---

① "A Review, Williams' *Middle Kingdom*, Chapter XVIII, Cause of the Perpetuity of Chinese Institutions", *The Chinese Recorder and Missionary Journal*, Vol. 15, No. 1, March—April 1884, pp. 130—133.

起担任京师同文馆英文教习,1869 年起任总教习(即校长)达
31 年之久,并在 1901 年前后一度出任京师大学堂总教习。他
对中国社会、文化、教育和知识分子问题有着十分深入的了解,
并出版了多部关于中国的著作,同时他翻译的许多西方著作也
在当时中国广为流传。1883 年,总理衙门刊印了丁韪良的中
文著作《西学考略》,该书在谈及科举考试制度时说:"西国莫不
慕之,近代渐设考试以取人才,而为学优则仕之举。今英、法、
美均已见端,将来必至推广。"①他当时的预言后来成为现实。

　　在 1896 年出版的英文著作《中国环行记》(又译《花甲记
忆》)一书中,丁韪良在谈到科举时便说:科举是"中国文明的最
好方面","它的突出特征令人钦佩,这一制度在成千年中缓慢
演进;但它需要(就如它将要的那样)移植一些西方的理念以使
之适应变化了的现代生存环境。当今在英国、法国和美国正在
取得进展的文官考试制度,是从中国的经验中借鉴而来的"。②
作为对清朝政府颇有影响的重要人物,丁韪良曾多次向清朝有
关大臣建议改革科举考试内容,引进一些西方近代新学,比如
增加算学科的考试和其他一些自然科学知识。在这里,丁韪良
一方面再次提到科举需以西学加以嫁接改良的观点,另一方面
则明确指出英、法、美的文官考试制度系借鉴中国科举而来。

---

① 丁韪良:《西学考略》下卷,北京:同文馆聚珍版,1883,第 53 页。
② W. A. P. Martin, *A Cycle of Cathay : Or, China, South and North , with Personal Reminiscences* , p. 42.

不过,美国文官考试制度的建立与英国类似,一开始也遇到不少反对。前述张沅长与邓嗣禹文都已提及,在英国议会和美国国会的辩论中,竞争考试的观念均与中国相关联。一些人提倡实行政党分肥制而反对以考试决定候选人是否称职,因为他们认为这一方法是中国式的、外国式的,甚至说是"非美国式的",这种考试在理论上也许正确,但在实践中行不通,而且中国的官吏贪污腐败、卖官鬻爵。然而,反驳者认为,不能因为中国没有实现其理想就完全抛弃这种办法。丁韪良在同书中还带着揶揄的口吻说:"柯宗(Curzon)先生以这样的方式对中国表示感恩:'一个缓慢地皈依中国理念的制度预兆着我们自己的国家正开始遭受损害。'"但丁韪良提出了反驳:"英国肯定既没有因在其东印度公司,也没有因在她极好的驻中国领事人员中采用竞争考试而遭受损失,它们都从'竞争者'中得到补充。假如英国有遭受损失的话,那也不是因为该制度,而是由于其判断不当的运用。美国仍然更迟采用竞争考试,现在已使人确信它只是提供政党分肥制下腐败现象的矫正方法。虽然我不能料想我们的军事指挥官或我们的内阁部长也将以此方法选择出来的时代会很快到来,但它将扩展至更广范围是毫无疑问的。我们的考试是专业化的,在中国考试的弱点是缺乏专门的适应性。尽管具有其缺陷,科举制对维护中国的统一和帮助它保持一个令人尊敬的文明水准,起到了比任何其他制度更大的作用。"①丁韪良在此极力为美国推行文官考试制度辩护,从中也可看出其关于英美文官考试制度是效法中国科举而来的说法的含义。

丁韪良在京师同文馆任内曾多次返回美国,1868 年 10 月还在波士顿给美国东方学会作专题论文报告,介绍和赞扬中国的科举考试。作为力主美国政府仿行考试选官的在华美国人,他相当关注美国文官考试制度的建立和发展,由他明确指出英美等国曾受科举考试制度的影响是很有说服力的。到 20 世纪初,美国文官考试制度已有相当大的发展。1901 年,时任京师大学堂总教习的丁韪良又在爱丁堡和伦敦出版了《中国的学问,或中国知识界》一书,在该书中,他又对科举考试制度作了不少述评,并说:"它不可能适宜我们自己共和国制度中某些类似的特性以被移植吗? 它更适应于我们自由政府的精神,在这个国家中可以比在中国结出更好的果实。在英属印度它运转得极好,在英国本土亦然,其外交和领事人员的选任已经置于竞争基础之上。假如我们希望我们对外国的影响与我们本国的强大、繁荣相称,我们自己的外交人员也必须采用考试选拔办法。"丁韪良还提到来自罗德岛的詹克(Jenck)在美国众议院最早提出建立文官考选制度法案可视为美国文官考试的肇端,并一再陈述

---

① W. A. P. Martin, *A Cycle of Cathay: Or, China, South and North, with Personal Reminiscences*, pp. 42—43.

采用竞争考试的理由。他同时指出："自从文官改革以来，它在公众头脑中的印象是如此牢固，以至于没有哪个政党敢于拒绝这一制度。虽然它运用的规模还相当有限，但在 1896 年其运用范围已大为扩展。有理由可以预期竞争考试最终会像在中国已经历的那样成为我们政治制度中的一个重要因素。"①

特别值得我们注意的是，在包括丁韪良在内的一些人士不断明确指出欧美文官考试制度系从中国借鉴而来的情况下，当时欧美国家中没有任何人否认过这一点或声称文官考试制度是其自身发明创立的，这说明一般西方皆认可这一事实。如果这一说法站不住脚，当时就必然会听到不同的声音。因此，在找到上述当时明确指出英美等国文官考试制度曾借鉴中国科举制的宝贵资料后，科举西传说可以确立了。②

四、中国的"第五大发明"

造纸、火药、印刷术、指南针，是举世皆知的中国的四大发明。但是，中国历史上的科举制对世界文明的贡献过去却鲜为

---

① W. A. P. Martin, *The Lore of Cathay or The Intellect of China*, pp. 326—327.
② 参阅刘海峰《科举制对西方考试制度影响新探》，《中国社会科学》2001 年第5 期。

国人所知。不少西方学者认为科举考试制度的创立，是中国在精神文明领域中对西方和世界的最大贡献之一，是堪与物质文明领域中的四大发明相媲美的贡献。

　　就在中国人抨击科举、科举制在本土走向穷途末路的明清时期，西方人却经由在华传教士的介绍而惊叹科举制的奥妙和优越，并借鉴科举建立了现代文官考试制度。科举制与西方的政治文化相结合，脱胎换骨之后，以一种全新的面貌出现在世人面前。18 世纪以后，中国已落后于西方，在西学东渐的大趋势下，中国人不得不学习西文、西艺、西政，科举制是屈指可数的反被西方人学习的中国"特产"之一。

　　早在一百多年前，已有西方人将科举制对世界文明的影响与四大发明相提并论。1835 年 7 月，留居中国的英国人罗伯特·英格尔斯在英文期刊《中国丛报》上撰文讨论中国的科举考试制度，说英国东印度公司已采用了考试竞争原则，并预言："这种中国人的发明创造在印度的充分发展，预示着或许将来有一天，它会像火药和印刷术一样，在国家制度，甚至是欧洲的国家制度中，引起另一次伟大变革。现在尚需显示中国已经如何阻止这一制度的美中不足，就像在几乎所有她的其他科学和技术中的不足一样。"①英格尔斯当时的预言并没有错，东印度

---

① R. I.，"Literary Examinations Considered as a Proof of Ability to Serve in the Magistracy; Manner in Which the Examinations are Conducted", *Chinese Repository*, Vol. 4, July 1835, pp. 118—135.

公司实行的文官考选制度为英国文官制度的建立积累了经验、开辟了道路,科举制最终通过英国对世界各国的文官制度产生了重大而深远的影响。

1853 年,莫礼森(Morison)在《中国:过去与现在》一书中,谈到在欧洲人知道中国的许多世纪以前,中国人已发明了指南针、火药和印刷术;当全世界还处于野蛮状态时,中国的文明已经存在和持续了很长的时期。作者认为,在中国所有制度中,最重要的是在北京的为政府提供从最底层到最高层官员的巨大的国立学院。"那些被证明是求官入仕的必须经过的考试过程,使著名的德国大学考试显得黯然失色。因此,这一制度应该得到更多的特别注意。"作者接着介绍了各级科举的办法以及状元鼎甲发榜的荣耀场面。[①]

1873 年美国文官委员会在其提交给国会的报告书中宣称:"当我们的大陆尚处于洪荒时代,孔夫子已在讲授德政,中国人已在读书,使用指南针、火药和乘法表。然而,东方世界这一最文明的国家对于科举制的运用,将比上述任何东西都更能夺走我们美国人的优势(如果我们算得上有什么优势的话),这其中的原因究竟何在? 倘若不充分肯定中国的宗教或帝制的

[①] A. Morison, *China, Past and Present : A Lecture, Delivered at the Mechanics' Institution*, Melbourne, 1853, pp. 4—5.

作用，必将无从作出解释。"①

　　现代一些西方学者，尤其是西方汉学界和行政学界的学者，也认为科举考试西传欧美，是中国在精神文明方面对世界的最大贡献之一。如美国学者柯睿格（Kracke）1947 年在《哈佛亚洲研究学报》发表的《中国科举考试中的子弟与才士之争》一文便指出："以科举考试为核心的中国文官行政制度的创立，是中国对世界的最重要贡献之一。"②1953 年，他在《北宋前期文官》一书中，在对比科举与欧洲早期文官制度之后，对科举影响欧洲文官制度的事实也表示肯定，并认为邓嗣禹和张沅长两位学者的论文清楚地显示出，19 世纪通过印度的文官制度，英国的文官制度曾受到中国范例的直接影响。③ 1957 年，柯睿格又说："传统中国的科举制度在中国政治理论与社会实际结构中居于中心的地位，它是最早引起西方政治思想家注意并激发其想象的中国制度之一。"④

　　1964 年，美国学者顾立雅也发表过这种看法：中国对世界

---

① 见 Ssu-yu Teng, "Chinese Influence on the Western Examination System", *Harvard Journal of Asiatic Studies*, Vol. VII (1942—1943), pp. 283.

② E. A. Kracke, "Family vs. Merit in the Chinese Civil Service Examinations under the Empire", *Harvard Journal of Asiatic Studies*, Vol. 10, No. 2, September 1947, p. 103.

③ E. A. Kracke, *Civil Service in Early Sung China*, *960—1067*, *Cambridge*, Massachusetts: Harvard University Press, 1953, pp. 2—3.

④ E. A. Kracke, "Religion, Family and Individual in the Chinese Examination System", In John K. Fairbank eds., *Chinese Thought and Institutions*, Chicago: University of Chicago Press, 1957, pp. 252—268.

文化的贡献远不止造纸和火药的发明,现代的由中央统一管理的文官制度在更大范围内构成了我们时代的特征,而中国科举制在建立现代文官制度方面扮演过重要角色。可以明确地说,这是中国对世界的最大贡献。① 顾立雅的看法可以说与19世纪的一些西方人一脉相承。此说也得到一些当代外国学者的赞同,如日本学者福井重雅便一再引用、附和顾立雅的观点。②

1972年,美国汉学家卜德在《中国思想西入考》一书中则说:"科举制无疑是中国赠予西方的最珍贵的知识礼物。"③同年,英国历史学家汤因比与日本创价大学创始人池田大作在《展望二十一世纪的对话》中也谈道:

> 实际上现代英国的官吏制度,是仿照帝制中国的官吏制度而建立的。同罗马制相比较,中国的这种制度取得了很大的成功。约在两千年的时间里,或大或小,它成了统一中国和巩固秩序的支柱。但它同样是有限度的。鸦片战争时,在侵略中国的英国人心目中,当时的制度是极为优越的。英国人曾考虑以后英国是否也要采用。各种议论的结果,同样在英国也确立了通过考试选拔任用行政官

---

① H. G. Greel, "The Beginning of Bureaucracy in China: The Origin of the Hsien", *Journal of Asian Studies*, Vol. 23, Feb. 1964, pp. 155—183.

② 见《中国秦汉史研究会通讯》1986年第3期所载福井重雅在中国秦汉史第三届年会上的发言,及福井重雅《汉代官吏登用制度研究》,东京:日本创文社,1988,序言第2—3页。

③ Derk Bodde, *Chinese Ideas in the West*, p. 31.

的制度,今天已经广泛普及。①

他也明确肯定英国文官考试制度曾效仿中国的科举制。

《剑桥中国隋唐史》一书的编者崔瑞德(Denis Twichett)认为:唐代的科举制度经过以后的长期发展几乎被全世界所接受,"许多世纪以后,这一制度为我们所有西方国家以考试录用人员的文官考试制度提供了一个遥远的榜样"。② 贾志扬(John Chaffee)在其《宋代科举》一书的中文本中也指出:"宋代考试的重要性超出中国之外,因为中国考试本身具有相当的世界史的意义。西方传统,诸如民主、人权和自由的中心在欧洲和美国,现时在世界各地一再被确认。很少有人认识到现代社会的另一个普遍特征——学校和考试不但用于教育青年人,并且在选择员工和区分地位中起关键作用——发源于中国,并非西方。拜耶稣会员和其他晚明和清朝的观察家之赐,'精英政治'的中国模式为启蒙哲学家们提供了有力的模式,并帮助铸造了现代西方社会。"③

以上所举,还不是此类言论的全部,但已足见一百多年来不少西方人将科举制与四大发明相提并论了。

---

① [英]阿·汤因比、[日]池田大作:《展望二十一世纪——汤因比与池田大作对话录》,荀春生等译,北京:国际文化出版公司,1985,第 275 页。

② Denis Twitchett, *The Birth of the Chinese Meritocracy: Bureaucrats and Examinations in T'ang China*, London: Bendles (Torquay) Ltd. ,1974,p. 33.

③ [美]贾志扬:《宋代科举》,台北:东大图书公司,1995,中文本序,第 3 页。

　　科举废后相当长时间里，在多数中国人的印象中，科举就是一种落后腐朽的取士制度，尤其是在中国大陆，科举更多是作为批判的对象而被介绍的。过去中国人"不识庐山真面目，只缘身在此山中"，对外部世界有关科举的评价知之甚少。20世纪80年代以后，欧风美雨再度东来，当知道西方汉学界和行政学界对科举制的赞美和评价时，人们感到相当讶异和新鲜。而当我们准备"引进效率"，借鉴西方文官制度以建立公务员制的时候，才发现原来西方文官制度竟然还是从我们中国的科举制学过去的。1983年，美国人事总署署长艾伦·坎贝尔应邀来北京讲学时曾说："当我被邀来中国讲授文官制度的时候，我感到非常惊讶。因为我们西方所有的政治学教科书，当谈到文官制度的时候，都把文官制度的创始者归于中国。"[1]

　　中国历史上有不少事物是"失之华夏，得之四夷"，在本土未能得到良好的发展，传到外域后却生长为生气勃勃的东西。科举制在清末未能顺利地转型为现代文官考试制度而是走到尽头有其历史必然性，但其考试选才的"公开竞争、平等择优"的精神则为西方文官考试制度所接力、传承，现代中国要建立健全公务员制，发明文官制度的古老国家反而需向欧美学习，这真如古语所说的"礼失而求诸野"了。

---

[1] 转引自桑玉成等《当代公务员制度概论》，兰州：兰州大学出版社，1988，第17页。

科举考试西传欧美,确实是中国对世界文明的一大贡献。从对世界文明进程的影响来说,在一定意义上,科举制可称为中国的"第五大发明"。① 过去已有一些人将中国发明的某种东西称为中国的"第五大发明",如说汉字是"第五大发明"、中医的经络理论是"第五大发明",等等。不过,这些"第五大发明"都只是中国人自己说说而已,并未被世界普遍模仿采用,西方人也不这么说。但是,将科举制称为中国的"第五大发明"并非为了凑热闹或耸人听闻,而是有充分的根据和理由的。因为一再将科举制与四大发明相提并论的首先是西方人士,而且西方学者也普遍承认科举制对世界文官制度的建立具有重要的影响,笔者只是将中外学者的说法用"中国的'第五大发明'"概括出来而已。

---

① 参阅刘海峰《科举制——中国的"第五大发明"》,《探索与争鸣》1995 年第 8 期。

"科举"不应是贬义词

广东贡院明远楼

历史虽然已经过去,却不会完全消逝,它还以潜在的形式存于我们周围;科举虽然已经废止,却没有完全作古,它还以不同的形态复活于现代社会。中国科举制废止已近双甲子,我们不应继续将科举妖魔化,而应还历史的本来面目。

一、一个含义丰富的词语

清末以来的长时期内,"科举"成了一个贬义词,一个被妖魔化的词语,当代一些人说哪一种考试不好,往往说这种考试是"新科举"。然而,说到底,科举制就是一个选拔官员的考试制度,实际上并不像许多人印象中那么恶劣,最低限度我们可以说科举制是一项不坏的制度,即梁启超所说的"非恶制也",将科举骂成罪大恶极实在是不够全面客观。"科举"是一个含义非常丰富的词语,远非以往的"恶谥"那么简单,我们不应将其看成是一个贬义词,而应把"科举"当成一个中性词来看待。

科举制在清末被时代和历史潮流所否定,并不意味着这一制度应该永远被否定。不是科举本身太坏，而是原来人们对科举的印象太坏。不是科举制度太坏，而是原来人们对其了解太少而误解太多。经过一百多年来的批判，人们对科举的坏印象，已根深蒂固，并大大偏离了科举制本身，与历史实际产生了相当的距离和偏差，这种偏差短时间还很难矫正。

实际上，科举制既没有 19 世纪以前一些西方人说的那么好，也没有 20 世纪许多中国人说的那么坏。清末废科举时的主流言论经过当时人的主观取舍，历史记载受思维定式的制约也不免以偏概全。

正说科举，重新认识科举制，是要还科举制的本来面目，还其在中国历史上应有的地位。笔者认为，可以将科举人物定性为我们民族历史上的精英群体之一。其理由，一是因为科举时代考试录取率很低，清代许多省的乡试录取率只有 1％—3％，中举及第之后立即成为社会的精英阶层；二是因为无论是从政治事功、文学创作方面，还是从教育事业、文化繁荣等方面来看，进士等科举人物都作出了重要贡献，自然属于传统社会的精英人物。而且，这些科举精英中的许多人，还是起自垄亩，从草根阶层跻身主流社会的，这主要归因于科举具有促进社会阶层流动的功能，确实能使一部分人"朝为田舍郎，暮登天子堂"。

正说科举，就是为考试选才机制辩护。有科举制度造成很多问题，但没有科举制度则会出现更多问题。科举是有不好的方面，而没有科举将会出现更坏的情况。产生于等级森严的君主时代的科举制,从考试内容上说深含古代精神,具有某些过时的糟粕,然而从公开考试、平等竞争的形式上说,则具有一定的现代性,这种平等择优的竞争方式具有超越帝制时代的生命力。科举制跨越了中国不同朝代以及东亚不同民族和国家而获得广泛实行,是因为有选拔人才的内在逻辑和公平竞争的普遍价值在起作用。科举虽已废止,考试这种选才方式却没有而且也不可能停罢,仍适用于现代社会,而1300年科举考试所积累的丰富经验和深刻教训,对当今的各种考试改革皆有参考价值。

正说科举,需要还原科举制的真相,需要在一定形式上复活历史、再现历史,回到历史情境中去。我们应试图尽量重构科举场景,还原科举情境。不要再与古人为敌,而要与古人为友。我们需要走进历史时空,走近古人,与那些文化巨人对话,深入他们的心灵,倾听他们的声音。

历史已逝,今人的身体已不可能回到古代,而思绪和目光却可以进入古代,追寻古人的足迹,与古人神交。"不薄今人爱古人。"翻开一本本科举时代流传下来的线装古籍,阅读一篇篇关于科举的策论文赋和笔记故事,有时仿佛能够走进古代中国,走近科举人物,并与他们对话,了解他们的所思所想,感受古人心灵的律动和思想的起伏。经过一番精神行走之后,跳出古代,回转身来,看看现代人对科举的认识,以及许多强加给古人的批判科举的观点,这时,我感觉到自己背后站着成千上万进士出身的文化先辈,具有一种使命感,有责任替他们这些被误解的沉默的大多数发声。

我们认识科举,也应设身处地将自己置身于古代特定的历史情境之中,以前人的社会背景和心理状态思考问题,才能真切地感受到当时人的所思所想。走进古代中国,我们可能见到认真备考的白居易、韩愈,遇到赶考路上的王安石、苏轼,可能看到在激烈争论科举改革的欧阳修、司马光,可能目睹文天祥中状元的风光、张居正进士及第的得意、吴敬梓屡试不第的无奈……当我们看了大量古人关于科举的记述,触摸到历史的脉动后,可以听到古人的声音,感觉到他们及第后的欢欣与轻快、落第后的痛苦与无奈。看到许多进士在抵御外敌时大义凛然、视死如归的记载,我们可以感受到他们心灵深处的精忠与信义。

在民族文化自觉、弘扬优秀传统文化的大背景下,我们不应再让科举制长久蒙冤,不应再让科举人物长期失语,而要替沉默的古人说话。将科举批倒批臭,说科举选拔出来的多是没有真才实学者——那些进士出身的精英人物无论如何都想象不到,千百年后他们的后代,会将他们那么重视且觉得十分公正的科举制贬损得一无是处。无视众多优秀人才从进士出身的事实,说科举选拔出来的都是庸才或蠢材,这叫白居易、苏轼们情何以堪? 叫文天祥、林则徐们怎能瞑目?

古人已经作古,自然不会说话,受到后人的误解或者有许多委屈,也无法申辩,只有沉默。但是,历史真相遮蔽得了一时,遮蔽不了永世。古人留下的文字,以及进士们彪炳史册的业绩,却无法抹杀,在中国文化自觉、民族复兴的大背景下,到一定时候,被冷落多年的肯定科举的文字迟早会被人们重新提出,其冤屈总能够得到洗刷。[①]

二、沉舟侧畔千帆过

为了帮助人们理解科举的概念,我们可以用船来打比方。什么是船?船就是一种漂浮于水上的运载工具。不过,具体的船是各种各样的:有独木舟,有古代的木制帆船,有近代以蒸汽机为动力的铁甲船,也有现代的航空母舰……然而,船最根本的共性,就是无论其大小、形状、动力如何变化,都离不开在水中漂浮行驶这一特征。

科举这艘自汉代开始建造的航船,从隋代起锚扬帆后,历经云谲波诡的唐代河段、波涛起伏的宋代流域、跌宕汹涌的元代河谷,进入波澜不惊的明清水域,经过五百余年平稳航行之后,整艘船的复杂精细的结构和部件已经变得老化失灵,行驶

[①] 参阅刘海峰《科举停废110年祭》,《厦门大学学报(哲学社会科学版)》2015年第5期。

至清末,船破恰遇顶头风,在强劲的欧风美雨和坚船利炮的冲击之下,已是摇摇欲坠。科举制在 20 世纪初虽也做过一些改革挽救措施,但就像木制帆船再大也有腐朽的时候,在蒸汽机船时代只能落得被淘汰的命运,更新部件已来不及,终于无法阻止其最后的沉没。然而,此时东西洋许多国家借鉴中国科举而建立的文官考试制度正在扬帆远航,真令人有"沉舟侧畔千帆过"之感。

科举又像一艘专门制作的在古代江河中行驶的大船,并不适合在大海中航行。一旦它驶入海域,遇到大风大浪,结果便是没顶之灾。但人类借鉴科举制的结构和机制,打造出了新的铁甲船——现代文官考试制度和教育考试制度,一直沿用至今。因此,科举制在脱胎换骨之后,实际上还以新的形式活动于现代社会。

什么是科举?科举就是一种通过考试来选拔人才的制度或方式。科举制度非常复杂,在 1300 年中国科举史上也有诸多变化,它可以是唐代选拔数学和法律人才的明算科和明法科,也可以是考经学和文学的明经科和进士科;它可以是明清以八股文为主要考试内容的古代考试制度,也可以是 1902—1904 年间主要考中西政治经济、内政外交知识的近代考试制度;它可以是李自成大顺政权以策论为主要考试形式的考试制度,也可以是太平天国以《旧约》《新约》和天王诏书等为主要考试内容的考试制度;它可以是以满蒙文字为考试内容的翻译

科，也可以是清末以内政外交理财等为考试内容的经济特
科……

但是，万变不离其宗，始终不变的一点是，科举制的实质，
就是一种开放报名、公平竞争、择优录取的考试制度。我们不
能说明清考八股文的科举才是科举，而唐宋时期考《九章算术》
等内容的明算科和1901年改革考试内容以后的科举就不是科
举。因为考试内容和题型可以变化，它不是科举制度的实质所
在。通过考试来竞争择优，这才是科举制的根本特征。[①] 科举
通过考试选才，遵循的是能力本位或才学本位，代替以往的权
力本位或家庭本位。因此，考试在中国古代被称为"量才尺"。

本来科举制只是一种考试选才的方式，但到后来则承载着
选拔治国人才、促进民间教育、维护社会公平、维系社会秩序的
重任，利害关系重大，因而成为各种矛盾的集合点和焦点。当
科举竞争过于激烈之后，各种弊端日益突出，终于"载不动，许
多愁"，走到山穷水尽的地步。不过，我们不能说船体已经开始
腐朽的船（正如清末的科举）才是船，而其他各种功能齐全的新
船（如唐宋的各种科目）不是船。

说到底，科举就是一种通过考试竞争来选拔人才的途径或
工具，怎么用、谁来用，效果可能不一样。这有点像船，既可以
为广大善良的百姓所乘用，也可能搭载强盗。但不管其被谁使

---

① 参阅刘海峰《中国科举文化》，沈阳：辽宁教育出版社，2010，第87页。

用,最早采用或制造船作为水上的运载工具,就是一大发明。科举制也类似,既然中国在世界上最早采用科举考试(至少是笔试)选才的方法,而且为后来许多国家所借鉴,那么这就是一大发明创造。

考什么、怎么考是一回事,要不要考试是另一回事。科举时代在长期的考试实践中形成了在考试成绩面前人人平等的公平竞争观念(当然是指相对的平等),这是在等级森严的中国传统社会中难能可贵的一个闪光的方面。

实践是检验真理的唯一标准。经过千百年中的多次对比实践,先人们已经证明科举考试远比其他选才方法来得公平和有效,科举制才能在传统社会历久不废。古往今来的实践一再证明,实行考试制度有其弊病,但废止考试制度必将造成更大的祸害。理论上说考试不一定是最好的选才方式,可实际上却找不到更好的可操作的公平竞争方式,而考试的办法至少可以防止最坏的情况出现。科举制是帝制时代的考试取士制度,走出君主体制,就不可能恢复科举制度了。但后来实行的考试选才办法,从公平竞争原则和平等择优的方式来看,是与科举制一脉相承的。

经过多年以偏概全的批判,许多人对科举的坏印象已根深蒂固,在有的人的心目中,科举不啻妖魔鬼怪,因此 2005 年看到为科举制平反的说法,有人便大惊小怪,惊呼曰"为科举招魂"。若这些人看到韩国人在 1994 年纪念科举废罢百年时身穿古代儒服再现科举盛况的场景,恐怕更要惊诧友邦科举"魂兮归来"了。①

由此,我想到 2004 年议论过的端午节这一节庆文化遗产的归属问题,在此做一个但愿不会发生的假设:如果中国继续将科举看成落后腐朽的丑恶制度,一直加以唾弃,当有一天将科举文化视为珍贵的精神文化遗产的韩国,将其向联合国申报世界文化遗产的时候,不知广大中国人又该作何感想与反应?这真是"知我者谓我心忧,不知我者谓我何求"!

三、中国历史上的重大存在

无论科举制在历史上的功过得失如何,它总是一种历史客观存在,曾长期左右着士人的命运和文风时尚,关系世道、人心、风俗。1300 年间,传统中国官僚政治、士绅社会与儒家文化皆以科场为中心得以维系和共生,科场成为中国社会政治生活和人文教育活动的一个关键场域。

从隋唐到明清的 1300 年间,中国历史上重要的文化成果,有很大的一部分就是科举人物的贡献,否定科举制,将与肯定韩、柳、欧、苏等著名科举人物相悖。要总结与弘扬优秀的民族

---

① 参阅刘海峰主编《科举百年祭》,武汉:湖北人民出版社,2006,第 448 页。

文化传统,科举是一个绕不开的重要元素。

　　科举已成历史,但科举又不仅仅是历史。科举在中国文化教育、社会习俗和心理思维上的深刻烙印在现代社会还经常若隐若现。要全面认识中国传统文化的特质、知识分子的政治性格、一般民众的价值观念,乃至改革教育和考试制度,都不得不研究科举制的来龙去脉。实行了 1300 年的科举制虽然在形式上已废止近 120 年,但其精神实质已经成为中国考试文化的重要构成部分,当今公务员考试、高考制度、司法考试中都依稀可以看到科举的影子,历史就以这样一种方式无形地制约着社会与文化变迁的进程。

　　从制度设计上说,科举并不是一种恶制。古人并不弱智,特别是苏轼、欧阳修这样的文化大师,他们为什么要维护科举制度? 梁启超为什么会改变对科举的看法? 因为他们了解人性的弱点,了解重视人情与关系的社会现实,了解科举制的公平选拔机制。实际上,科举制不是传统社会的万恶之源,而是凝聚着中华历史上众多文化巨人无数智慧的一项制度创造。

　　科举不论在历史沿革还是在具体实施的结果上,都充分体现出"至公"的理念,其影响不仅在科举文化所辐射的范畴之内,而且还在更为广泛的古代和现代社会领域。确实,无论政权如何更迭,公平始终是科举变革的"关键词"。"科举的公平理念与措施不仅在历史上具有先进性与现代性,在当今社会仍具有普适性,有些做法的公平程度至今未被超越,有相当丰厚的历史遗产值得今天的高考所继承。"①科举制尽管有许多局限和弊端,但仍不失为中国的一大发明。

美国普林斯顿大学艾尔曼教授认为:"虽然中国的科举制度在 1905 年被废除了,这种传统却以另一种方式被传承下来。如今各个国家普遍设立考试制度,这是从以前的中国科举制度转变而来的。尽管其内容改变了,但它的技术、方法和规制都被延续了下来。从这个方面看,我不赞同科举制度是落后的这种观点,我认为它是进步的,只是到了清朝末年,大家都把它与清政府联系在一起,因为清政府是腐败的,所以与之有关的东西都要废除。现在我们可以看到,在科举考试被废除后,考试制度还是得到了继承,如孙中山时期的考试院,实际上是把科举制度现代化了。以科举为主的考试制度实际上是非常有意义的。我们要多了解其作用,并给它一个新的评论,而不是全盘否定,认定它没有价值。"②

从世界文明史的角度来看,科举制更是中国人的一个创造。采用反问法或排除法,我们还可继续追问:中国在精神文明领域的发明,除了科举,谁还能举出其他被西方或世界所广泛取法的制度? 举不出吗? 那我们就得承认一些西方学者的

---

① 郑若玲:《科举至公之道及其现实启思》,《厦门大学学报(哲学社会科学版)》2010 年第 5 期。
② 转引自褚国飞《中国历史上的科举、考据与科学——访美国普林斯顿大学艾尔曼教授》,《中国社会科学报》2009 年 12 月 29 日。

说法:科举是中国在精神文明领域中对世界的最大贡献。

总之,科举制是一个影响重大的政治、文化和教育制度,是中华民族的一笔沉重而宝贵的文化遗产。无论现今人们对科举制的是非功过看法如何,科举总是中国历史上的重大存在,我们对之不应采取虚无主义的态度,而应重视发掘利用,为中国的现代化建设寻找历史资源和文化资源。

科举制在中国的命运有点像古宅中的一块巨大的石碑。在宅第建立时,这块石碑记载着主人和宅第的辉煌。但时过境迁,经历过多少年的风雨,石碑所记内容与时代已毫无关系了,没有多少重要性了。在旧房改造中,因为石碑影响了新房的建设,且认为它是旧时代的落后的东西,于是人们将它推翻了,只作为供人践踏的路石。但在多年之后,房屋主人的后代想起这块石碑记载着许多先人的历史,而且是这座宅第古老的标志,于是将石碑从地上挖出来,刮垢磨光之后重新立起,恢复其本来面目。此时的石碑并无褒扬或威镇的功能,只是让历史昭示现实,由过去了解现在。

教育部哲学社会科学研究普及读物书目
（有 * 者为已出）

2012 年度

《马克思主义大众化解析》 陈占安

*《马克思告诉了我们什么》 陈锡喜

《为什么我们还需要马克思主义——回答关于马克思主义的 10 个疑问》 陈
　　学明

《党的建设科学化》 丁俊萍

*《〈实践论〉浅释》 陶德麟

*《大学生理论热点面对面》 韩振峰

*《大学生诚信读本》 黄蓉生

《改变世界的哲学——历史唯物主义新释》 王南湜

《哲学与人生——哲学就在你身边》 杨耕

*《人的精神家园》 孙正聿

*《社会主义现代化读本》 洪银兴

《中国特色社会主义简明读本》 秦宣

《中国工业化历程简明读本》 温铁军

《中国经济还能再来 30 年快速增长吗》 黄泰岩

*《如何读懂中国经济指标》 殷德生

*《经济低碳化》 厉以宁　傅帅雄　尹俊

《图解中国市场》 马龙龙

*《文化产业精要读本》 蔡尚伟　车南林

*《税收那些事儿》 谷成

*《汇率原理与人民币汇率读本》 姜波克

*《辉煌的中华法制文明》 张晋藩　陈煜

*《读懂刑事诉讼法》 陈光中

*《数说经济与社会》 袁卫　刘超

*《品味社会学》 郑杭生 等

*《法律经济学趣谈》 史晋川

《知识产权通识读本》 吴汉东

《文化中国》 杨海文

*《中国优秀礼仪文化》 李荣建

*《中国管理智慧》 苏勇 刘会齐

*《社交网络时代的舆情管理》 喻国明 李彪

*《中国外交十难题》 王逸舟

*《中华优秀传统文化的核心理念》 张岂之

*《敦煌文化》 项楚 戴莹莹

*《秘境探古——西藏文物考古新发现之旅》 霍巍

《民族精神——文化的基因和民族的灵魂》 欧阳康

*《共和国文学的经典记忆》 张文东

*《中国传统政治文化讲录》 徐大同

*《诗意人生》 莫砺锋

《当代中国文化诊断》 俞吾金

*《汉字史画》 谢思全

*《"四大奇书"话题》 陈洪

*《生活中的生态文明》 张劲松

《什么是科学》 吴国盛

*《中国强——我们必须做的 100 件小事》 王会

*《我们的家园:环境美学谈》 陈望衡

《谈谈审美活动》 童庆炳

《快乐阅读》 沈德立

*《让学习伴随终身》 郝克明

《与青少年谈幸福成长》 韩震

*《教育与人生》 顾明远

*《师魂——教师大计师德为本》 林崇德

*《现代终身教育理论与中国教育发展》 潘懋元 李国强

*《我们离教育强国有多远》 袁振国

《通俗教育经济学》 范先佐

《任重道远:中国高等教育发展之路》 李元元

2013 年度

《中国国情读本》 胡鞍钢

*《法律解释学读本》 王利明 王叶刚

*《中国特色社会主义经济学读本》 顾海良

*《走向社会主义市场经济》 逄锦聚 何自力

*《中国特色政治发展道路》 梅荣政 孙金华

*《发展经济学通俗读本》 谭崇台 王爱君

*《"中国腾飞"探源》 洪远朋 等

*《社会主义核心价值观的"内省"与"外化"》 黄进

《什么是马克思主义,怎样对待马克思主义——马克思主义观纵横谈》 高奇

《中国特色社会主义"五位一体"总布局研究》 郭建宁

*《国际社会保障全景图》 丛树海 郑春荣

《社会保障理论与政策解析》 郑功成

《从封建到现代——五百年西方政治形态变迁》 钱乘旦

《GDP 的科学性和实际价值在哪里》 赵彦云

《社会学通识教育读本》 李强

《传情和达意——语言怎样表达意义》 沈阳

《生活质量研究读本》 周长城

*《做幸福进取者》 黄希庭 尹天子

*《外国文学经典中的人生智慧》 刘建军

《什么样的教育能让人民满意》 石中英

*《正说科举》 刘海峰

2014 年度

《"中国梦"的民族特点和世界意义》 孙利天

*《中国梦与软实力》 骆郁廷

《走进世纪伟人毛泽东的哲学王国》 周向军

《社会主义核心价值观与我们的生活》 吴向东

*《中国反腐败新观察》 赵秉志 彭新林

《中国居民消费——阐释、现实、展望》 王裕国

*《从公司治理到国家治理》 李维安 徐建 等

《"阿拉伯革命"的热点追踪》 朱威烈

*《中国制造全球布局》 刘元春 李楠 张咪

*《小康之后》 黄卫平 丁凯 等

《中国人口老龄化与老龄问题》 杜鹏

*《中国区域经济新版图》 周立群 等

《钓鱼岛归属真相——谎言揭秘(以证据链的图为主)》 刘江永

*《诚信中国》 阎孟伟

*《美国霸权版"中国威胁"谰言的前世与今生》 陈安

《如何认识藏族及其文化》 石硕

*《中国故事的文化软实力》 王一川 等

《文化遗产的古与今》 高策

*《课堂革命》 钟启泉

《大学的常识》 邬大光

《识字与写字》 王宁

*《舌尖上的安心》 乔洁 等

2015 年度

*《我们为什么需要历史唯物主义》 郝立新 陈世珍

*《全面建成小康社会中的农民问题》 吴敏先 等

*《中国法治政府建设:原理与实践》 朱新力 等

《走向全面小康的民生幸福路》 韩喜平

《我们时代的精神生活》 庞立生

《习近平话语体系风格读本》 凌继尧

《为什么南海诸岛礁确实是我们的国土?》 傅崐成

《生活在"网络社会"》 陈昌凤

*《中国古代农业文明》 贺耀敏

*《世说刑语——你不能不知道的刑法知识》 王世洲

*《中美关系:故事与启示》 倪世雄

《如何提高创新创业能力》 赖德胜

《身边的数据会说话》 丁迈

*《中国与联合国》 张贵洪

*《中国特色的佛教文化》 洪修平

*《敦煌与丝绸之路文明》 郑炳林

*《数学与艺术》 蔡天新

《走近档案》 冯惠玲

*《中华传统文明礼仪读本》 王小锡 姜晶花

《重建中国当代伦理文明与家教门风》 于丹

*《文化兴国的欧洲经验》 朱孝远

*《抗战为什么赢:中国人民伟大的抗日战争》 陈红民 赵晓红 徐亮 钟健

*《心理学纵横谈》 彭聃龄 丁国盛

*《教育振兴从校园体育开始》 王健

*《核心素养及其培育》 靳玉乐 张铭凯 郑鑫